Spanska Smaker
En Kulinarisk Resa genom Spaniens Matkultur

Maria Sánchez

INNEHÅLL

RÅ OCH FRÖ snäckor 21
    INNEHÅLL 21
    DETALJER 21
    FÖR MELLAN 22

GRAVIDA BULLAR 24
    INNEHÅLL 24
    DETALJER 24
    FÖR MELLAN 24

ROTGODIS MED KARAMELISERAD TOPPING 26
    INNEHÅLL 26
    DETALJER 26
    FÖR MELLAN 26

HAMISE KOKA MED OLIVER OCH DEYE PASTA 27
    INNEHÅLL 27
    DETALJER 27
    FÖR MELLAN 28

KORV MED CIDDER MED HONING OCH ROSmarin 29
    INNEHÅLL 29
    DETALJER 29
    FÖR MELLAN 29

Korv och bacongodis 30
    INNEHÅLL 30
    DETALJER 30

FÖR MELLAN 30
MED grillad röd svamp, röd olja OCH festmåltid 32
    INNEHÅLL 32
    DETALJER 32
    FÖR MELLAN 32
BLACK PUDDING OCH PEAR CROCKETS 34
    INNEHÅLL 34
    DETALJER 34
    FÖR MELLAN 35
Torskkroketter 36
    INNEHÅLL 36
    DETALJER 36
    FÖR MELLAN 37
Sniglar med sås 38
    INNEHÅLL 38
    DETALJER 38
    FÖR MELLAN 39
TUNES köttbullar 40
    INNEHÅLL 40
    DETALJER 40
    FÖR MELLAN 41
VITLÖKSRÄKA KROKET 43
    INNEHÅLL 43
    DETALJER 43
    FÖR MELLAN 44
MOZZARELLA, körsbärs- och rucolaspett 45

INNEHÅLL 45

DETALJER 45

FÖR MELLAN 45

GILDAS 46

INNEHÅLL 46

DETALJER 46

FÖR MELLAN 46

HEMMADA EMPANADADEG 48

INNEHÅLL 48

DETALJER 48

FÖR MELLAN 49

KYCKLING OCH KOKTA ÄGG KROKKER 50

INNEHÅLL 50

DETALJER 50

FÖR MELLAN 51

BLÅOST OCH VALNÖT KROKKA 52

INNEHÅLL 52

DETALJER 52

FÖR MELLAN 53

Grillad ANANAS OCH GRÖNTSAKERSKYCKLING 54

INNEHÅLL 54

DETALJER 54

FÖR MELLAN 55

COUNTRY sallad 57

INNEHÅLL 57

DETALJER 57

- FÖR MELLAN ... 58
- **Tysk sallad** ... 59
  - INNEHÅLL ... 59
  - DETALJER ... 59
  - FÖR MELLAN ... 59
- **RISALLAD** ... 61
  - INNEHÅLL ... 61
  - DETALJER ... 61
  - FÖR MELLAN ... 61
- **MER SALLAD** ... 63
  - INNEHÅLL ... 63
  - DETALJER ... 63
  - FÖR MELLAN ... 64
- **HET PIPIRANA sallad med bläckfisk** ... 65
  - INNEHÅLL ... 65
  - DETALJER ... 65
  - FÖR MELLAN ... 65
- **CAPRESSE SALLAD** ... 68
  - INNEHÅLL ... 68
  - DETALJER ... 68
  - FÖR MELLAN ... 68
- **RYSK SALLAD** ... 69
  - INNEHÅLL ... 69
  - DETALJER ... 69
  - FÖR MELLAN ... 69
- **ORANGE VIT BÖNSALLAD** ... 71

INNEHÅLL 71

DETALJER 71

FÖR MELLAN 71

WHISKEY kycklingstrimlor 74

    INNEHÅLL 74

    DETALJER 74

    FÖR MELLAN 74

RAID AND 75

    INNEHÅLL 75

    DETALJER 75

    FÖR MELLAN 76

VILLAROY Kycklingbröst 77

    INNEHÅLL 77

    DETALJER 77

    FÖR MELLAN 78

KYCKLINGSÖT MED CITRONSENAPSÅS 79

    INNEHÅLL 79

    DETALJER 79

    FÖR MELLAN 80

ROSTAD PINTADA MED PLOMMO OCH SVAMP 81

    INNEHÅLL 81

    DETALJER 81

    FÖR MELLAN 82

VILLAROY KYCKLINGBRÖST MED KARAMELISERADE PIQUILLOS MED MODENA VÄTTIKA 83

    INNEHÅLL 83

DETALJER 83
FÖR MELLAN 84
KYCKLINGSHERDE MED BACON, SVAMP OCH OST 85
   INNEHÅLL 85
   DETALJER 85
   FÖR MELLAN 86
KYCKLING OCH SÖTT VIN MED PLOMMO 87
   INNEHÅLL 87
   DETALJER 87
   FÖR MELLAN 88
Pistage apelsin kycklingbröst 89
   INNEHÅLL 89
   DETALJER 89
   FÖR MELLAN 89
PICKAD RÖD 90
   INNEHÅLL 90
   DETALJER 90
   FÖR MELLAN 90
CACCIATOR KYCKLING 92
   INNEHÅLL 92
   DETALJER 92
   FÖR MELLAN 93
COCA COLA-STIL Kycklingvingar 94
   INNEHÅLL 94
   DETALJER 94
   FÖR MELLAN 94

Vitlökskyckling 95
    INNEHÅLL 95
    DETALJER 95
    FÖR MELLAN 96
BARNSKYCKLING 97
    INNEHÅLL 97
    DETALJER 97
    FÖR MELLAN 98
Vaktel och röd frukt pickle 99
    INNEHÅLL 99
    DETALJER 99
    FÖR MELLAN 100
CITRONKYCKLING 101
    INNEHÅLL 101
    DETALJER 101
    FÖR MELLAN 102
SERRANO SKINKA, CASAR TÅRTA OCH ROKETKYCKLING SAN JACOBO 103
    INNEHÅLL 103
    DETALJER 103
    FÖR MELLAN 103
BAKAD KYCKLINGCURRY 104
    INNEHÅLL 104
    DETALJER 104
    FÖR MELLAN 104
KYCKLING OCH RÖTT VIN 105

INNEHÅLL 105

DETALJER 105

FÖR MELLAN 106

ROSTAD KYCKLING MED SVART ÖL 107

INNEHÅLL 107

DETALJER 107

FÖR MELLAN 107

Choklad Cupcake 109

INNEHÅLL 109

DETALJER 109

FÖR MELLAN 110

ROSTAD KALKON MED RÖD FRUKTSÅS 111

INNEHÅLL 111

DETALJER 111

FÖR MELLAN 112

ROSTAD KYCKLING MED PERSIKKSÅS 113

INNEHÅLL 113

DETALJER 113

FÖR MELLAN 114

Kycklingfilé med spenat och mozzarella 115

INNEHÅLL 115

DETALJER 115

FÖR MELLAN 115

JAVA grillad kyckling 116

INNEHÅLL 116

DETALJER 116

FÖR MELLAN 116
Kyckling shish med jordnötssås 117
    INNEHÅLL 117
    DETALJER 117
    FÖR MELLAN 118
KYCKLING OCH PEPITORIA 119
    INNEHÅLL 119
    DETALJER 119
    FÖR MELLAN 120
Apelsinkyckling 121
    INNEHÅLL 121
    DETALJER 121
    FÖR MELLAN 122
Lösningar kycklingförsäkring 123
    INNEHÅLL 123
    DETALJER 123
    FÖR MELLAN 124
Sauterad kyckling med jordnötter och soja 125
    INNEHÅLL 125
    DETALJER 125
    FÖR MELLAN 126
CHOKLADKYCKLING MED RÖD MANDEL 127
    INNEHÅLL 127
    DETALJER 127
    FÖR MELLAN 128
SÄNKANDE LAMM KEBS MED PEPPAR OCH SENAPS 129

INNEHÅLL 129

    DETALJER 129

    FÖR MELLAN 130

FYLLNING AV PORTERAD NÖT 131

    INNEHÅLL 131

    DETALJER 131

    FÖR MELLAN 132

KÖTTBUL MADRÍLEÑA 133

    INNEHÅLL 133

    DETALJER 133

    FÖR MELLAN 134

Chokladbiff WANKEN 135

    INNEHÅLL 135

    DETALJER 135

    FÖR MELLAN 136

CONFIT SUG-FLISKKAKA MED DESSERTVINSÅS 137

    INNEHÅLL 137

    DETALJER 137

    FÖR MELLAN 138

MED KANIN MARC 139

    INNEHÅLL 139

    DETALJER 139

    FÖR MELLAN 140

PEPITORIA köttbullar i jordnötssås 141

    INNEHÅLL 141

    DETALJER 141

FÖR MELLAN 142
NÖTSKALOPIN MED SVART ÖL 143
    INNEHÅLL 143
    DETALJER 143
    FÖR MELLAN 144
MADRILEÑA RESOR 145
    INNEHÅLL 145
    DETALJER 145
    FÖR MELLAN 146
ROSTAT FLÄSK MED ÄPPLEN OCH MINTA 147
    INNEHÅLL 147
    DETALJER 147
    FÖR MELLAN 148
Kycklingköttbullar med hallonsås 149
    INNEHÅLL 149
    DETALJER 150
    FÖR MELLAN 150
Lamm STAUER 151
    INNEHÅLL 151
    DETALJER 151
    FÖR MELLAN 152
HÅR MUSK 153
    INNEHÅLL 153
    DETALJER 153
    FÖR MELLAN 154
KANIN MED PIPERRADA 155

INNEHÅLL 155

DETALJER 155

FÖR MELLAN 155

KYCKLINGKÖTTBULLAR MED CURRYSÅS OCH OST 157

INNEHÅLL 157

DETALJER 158

FÖR MELLAN 158

FLÄSKINDER I RÖTT VIN 159

INNEHÅLL 159

DETALJER 159

FÖR MELLAN 160

COCHIFRITO NAVARRE 161

INNEHÅLL 161

DETALJER 161

FÖR MELLAN 161

Biffgryta med jordnötssås 163

INNEHÅLL 163

DETALJER 163

FÖR MELLAN 164

Grillat fläsk 165

INNEHÅLL 165

DETALJER 165

FÖR MELLAN 165

ROOSTAD KNOK MED KÅL 166

INNEHÅLL 166

DETALJER 166

FÖR MELLAN	166
KANINCACCIATOR	168
INNEHÅLL	168
DETALJER	168
FÖR MELLAN	169
MADRILEÑA KALVKÖTT ESCALOPE	170
INNEHÅLL	170
DETALJER	170
FÖR MELLAN	170
SVAMPKANINFÖRSÄKRING	171
INNEHÅLL	171
DETALJER	171
FÖR MELLAN	172
IBERISK FLÄSKRIVBOR MED VITT VIN OCH HONING	173
INNEHÅLL	173
DETALJER	173
FÖR MELLAN	173
POTE GALLEGO	175
INNEHÅLL	175
DETALJER	175
FÖR MELLAN	176
LINSER A LA LIONESA	177
INNEHÅLL	177
DETALJER	177
FÖR MELLAN	178
ÄPPELCURRY LINSER	179

- INNEHÅLL 179
- DETALJER 179
- FÖR MELLAN 180
- POCHAS TILL NAVARRE 181
  - INNEHÅLL 181
  - DETALJER 181
  - FÖR MELLAN 182
- LINS 183
  - INNEHÅLL 183
  - DETALJER 183
  - FÖR MELLAN 184
- Torskfritter 186
  - INNEHÅLL 186
  - DETALJER 186
  - FÖR MELLAN 186
- DOURA COD 188
  - INNEHÅLL 188
  - DETALJER 188
  - FÖR MELLAN 188
- GRUNDKRABBA 189
  - INNEHÅLL 189
  - DETALJER 189
  - FÖR MELLAN 190
- Ansjovis i vinäger 191
  - INNEHÅLL 191
  - DETALJER 191

FÖR MELLAN 191
TORSKMÄRKE 192
    INNEHÅLL 192
    DETALJER 192
    FÖR MELLAN 192
PULVER I ADOBO (BIENMESABE) 193
    INNEHÅLL 193
    DETALJER 193
    FÖR MELLAN 194
PILADE Apelsiner och tonfisk 195
    INNEHÅLL 195
    DETALJER 195
    FÖR MELLAN 196
RÄKOR REGNKLÄPA 197
    INNEHÅLL 197
    DETALJER 197
    FÖR MELLAN 197
Tonfisk med basilika 198
    INNEHÅLL 198
    DETALJER 198
    FÖR MELLAN 198
A LA MENIER 200
    INNEHÅLL 200
    DETALJER 200
    FÖR MELLAN 200
JAVANESISK LAXLOIN 201

INNEHÅLL ... 201

DETALJER ... 201

FÖR MELLAN ... 201

HAV I BILBAN STIL MED PIQUILTOS ... 202

INNEHÅLL ... 202

DETALJER ... 202

FÖR MELLAN ... 202

Snäckskal I EN FLASKA ... 204

INNEHÅLL ... 204

DETALJER ... 204

FÖR MELLAN ... 204

MARMITACO ... 205

INNEHÅLL ... 205

DETALJER ... 205

FÖR MELLAN ... 205

SALT OCH SALT ... 207

INNEHÅLL ... 207

DETALJER ... 207

FÖR MELLAN ... 207

ångade musslor ... 208

INNEHÅLL ... 208

DETALJER ... 208

FÖR MELLAN ... 208

HOOK GALIZIA ... 209

INNEHÅLL ... 209

DETALJER ... 209

FÖR MELLAN 209
KUMMEL KOSKERA 211
　　INNEHÅLL 211
　　DETALJER 211
　　FÖR MELLAN 212
CITRONBLAD AV VITLÖK 213
　　INNEHÅLL 213
　　DETALJER 213
　　FÖR MELLAN 213

RÅ OCH FRÖ snäckor

INNEHÅLL

500 g sniglar

500 g kantareller

200 g hackad Serranoskinka

200 ml tomatsås

1 glas vitt vin

1 msk chorizopeppar

1 tsk hackad färsk persilja

1 lagerblad

2 vitlöksklyftor

1 vårlök

1 röd paprika

DETALJER

Rengör sniglarna med kallt vatten och salt tills de slutar utsöndra slem.

Lägg dem i kallt saltat vatten och räkna 8 minuter från det att de börjar koka.

Finhacka löken och vitlöken. Koka den med skinkan på svag värme. Lägg i filén skuren i bitar och stek i 2 minuter på hög värme.

Ta ett bad med vinet och låt det reducera. Tillsätt chorizo pepparpasta, tomater och peppar. Tillsätt slutligen sniglarna och lagerbladen och koka i ca 10 minuter. Avsluta med hackad persilja.

FÖR MELLAN

Eftersom sniglarna har en stark smak och skinkan redan är salt, behöver du inte tillsätta salt när som helst.

GRAVIDA BULLAR

INNEHÅLL

500 g starkt mjöl

75 g smör

25 g pressjäst

2 korvar

1 helt ägg

1 äggula

1 tsk socker

Salt

DETALJER

Gör en vulkan med siktat mjöl. Tillsätt mjukat smör, ägg, socker, jäst, 1 glas varmt vatten och salt i mitten.

Knåda tills en homogen massa erhålls. Låt jäsa vid värmekälla i 40 minuter.

Forma medelstora bollar och lägg en bit chorizo inuti. Stäng väl, pensla med äggula och grädda i 210°C i 15 minuter.

FÖR MELLAN

För att jäsa degen snabbare kan den förvaras i en lergryta med vatten och gräddas vid 50ºC i 30 minuter. Det ska vara väl belagt.

ROTGODIS MED KARAMELISERAD TOPPING

INNEHÅLL

4 ark tegeldeg

8 små kuber foie gras

2 skedar smör

Karamelliserad lök (se grönsaksavsnittet)

salt och peppar

DETALJER

Skär tegelbrädorna i 16 rektanglar. Pensla var och en med smält smör och montera genom att lägga de återstående skikten ovanpå.

Lägg den kryddade gåsen ovanpå och täck med kola. Pensla igen med ägg och grädda i 200°C tills utsidan är lätt gyllene. Komplettera den med karamelliserad lök.

FÖR MELLAN

De kan stekas istället för att bakas, men var försiktig för tegelbakelsen ska inte bli överbrynd.

HAMISE KOKA MED OLIVER OCH DEYE PASTA

INNEHÅLL

250 g mjöl

25 g nötter

15 g färsk jäst

125 ml varmt vatten

12 konserverade ansjovis

1 liten låda urkärnade oliver

1 tsk dill

1 vitlöksklyfta

125 ml olivolja

DETALJER

Sikta mjölet i en skål. Bortsett från detta, lös upp jästen i varmt vatten.

Gör en vulkan med mjöl och tillsätt den smälta jästen, oljan och vattnet. Knåda den så att den inte fastnar på händerna (tillsätt eventuellt lite mer mjöl). Låt det vara täckt i 30 minuter.

Krossa under tiden oliverna med vitlök, valnötter och dill. Tillsätt lite olivolja och reservera.

Spänn ut degen med en kavel och forma snygga rektanglar ½ cm tjocka. Lägg bakplåtspapper på en plåt och grädda i 175°C i 10 minuter.

Ta ut colaen ur ugnen, bred ut olivmassan ovanpå och tillsätt ansjovisen.

FÖR MELLAN

Ansjovis kan användas istället för rökt torsk. ett nöje

KORV MED CIDDER MED HONING OCH ROSmarin

INNEHÅLL

750 ml cider

150 g honung

16 korvar

1 kvist rosmarin

DETALJER

Koka chorizo, cider, honung och rosmarin på låg värme i 30 minuter eller tills cidern har reducerats till hälften.

FÖR MELLAN

För att extrahera mer smak, blötlägg korvarna i cidern i 24 timmar.

Korv och bacongodis

INNEHÅLL

10 **rökta korvar**

10 **skivor bacon**

10 **skivor skivat bröd**

1 **ägg**

DETALJER

Putsa kanterna på brödskivorna. Spänn ut den med en kavel tills den är väldigt tunn och skär den på mitten.

Ta kanterna på korvarna (du kan lämna dem, för estetiska ändamål) och skär dem på mitten. Skär även baconskivorna.

Pensla ytan på skivan med ägg och lägg en skiva bacon, se till att den inte kommer ut. Lägg korven på ena änden av bullen och linda in den i andra änden. Tryck till ordentligt och grädda i 175°C tills brödet är knaprigt.

FÖR MELLAN

Minigodis kan göras av små cocktailkorvar. Det är viktigt att äta direkt så att du inte blir kall.

MED grillad röd svamp, röd olja OCH festmåltid

INNEHÅLL

250 g svamp

250 g skalade räkor

12 färska basilikablad

3 vitlöksklyftor

1 röd paprika

Olivolja

Salt

DETALJER

Ta bort stjälkarna från svampen, skala och rensa dem och finhacka vitlöken.

Fräs svampen med vitlöken i en het panna (först upp och ner) 2 minuter på varje sida. reträtt. Räkorna steks lätt i samma olja.

Basilika och peppar skär separat med lite olja.

Lägg räkorna ovanpå svampen och smaka av med salt. Sås med basilikaolja.

FÖR MELLAN

De kan också gräddas i 5 minuter i 210°C och avslutas med en skiva Manchego-ost.

BLACK PUDDING OCH PEAR CROCKETS

INNEHÅLL

200 g blodkorv

120 g smör

120 g mjöl

1 liter mjölk

2 st konferenspäron

Mjöl, ägg och ströbröd (för överdrag)

Muskot

Olivolja

salt och peppar

DETALJER

Skala päronen, skär dem i små bitar och ta bort kärnorna. Reserverad.

Stek blodkorven i lite olja tills den är knaprig. Tillsätt päronen och stek i 2 minuter.

Smält smöret i samma panna, tillsätt mjölet och stek i 10 minuter på låg värme. Tillsätt mjölken samtidigt och koka i ytterligare 45 minuter under konstant omrörning. Krydda med salt, peppar och muskotnöt.

Lägg degen på en plåt och låt den svalna helt. Skär den i de bitar du vill ha och forma den. Blanda den med mjöl, ägg och ströbröd och stek den i mycket olja.

FÖR MELLAN

När kroketterna är gräddade kan de frysas. Det enda innan stekning är att rulla den igen i brödet.

Torskkroketter

INNEHÅLL

200 g osaltad torsk

120 g smör

120 g mjöl

1 liter mjölk

Mjöl, ägg och ströbröd (för överdrag)

Muskot

Olivolja

salt och peppar

DETALJER

Koka torskfisken i mjölk på låg värme i 5 minuter. Sila, reservera mjölken och skär torsken i små bitar.

Smält smöret i en panna, tillsätt mjölet och stek i 10 minuter på låg värme.

Tillsätt mjölken samtidigt och låt koka i ytterligare 40 minuter på låg värme under konstant omrörning. Tillsätt torsken och koka i ytterligare 5 minuter. Salta det och tillsätt lite muskotnöt.

Lägg degen på en plåt och låt den svalna helt. Skär den i de bitar du vill ha och forma den. Blanda den med mjöl, ägg och ströbröd och stek den i mycket olja.

FÖR MELLAN
Var uppmärksam på saltpunkten för det är mycket torsk.

Sniglar med sås

INNEHÅLL

1 kg sniglar

50g serranoskinka skuren i små bitar

2 stora tomater

2 små vitlöksklyftor

1 lagerblad

1 stor lök

1 röd paprika

Socker

Olivolja

Salt

DETALJER

Rengör sniglarna med vatten och salt i 5 minuter. Häll av och upprepa processen 3 gånger.

Koka sniglarna i kallt vatten och låt rinna av vid första kokningen. Upprepa processen 3 gånger.

Koka sniglarna med lagerblad i 20 minuter.

Skär lök, röd paprika och vitlök i små bitar. Fräs allt i en kastrull med skinkan på svag värme. Tillsätt rivna tomater och koka på medelvärme tills tomaterna tappar saften helt. Justera salt och socker om det behövs.

Lägg i sniglarna och koka i 5 minuter på låg värme.

FÖR MELLAN

Att rengöra sniglar är mycket viktigt. Annars kommer dålig smak att hända.

TUNES köttbullar

INNEHÅLL

200 g mjöl

100 g tonfisk i olja

½ dl vitt vin

3 matskedar tomatsås

1 liten grön paprika

1 liten vårlök

1 kokt ägg

½ dl olivolja

Salt

DETALJER

Gör en vulkan med siktat mjöl och häll vin, olja och salt i den. Knåda tills en homogen massa erhålls och låt den stå i kylen i 20 minuter.

Skär under tiden löken och paprikan i små bitar. Stek i 10 minuter på låg värme och tillsätt tomatsås, ägg skuret i små bitar och smulad tonfisk. Grädda i ytterligare 2 minuter och håll kvar tills degen har svalnat.

Kavla sedan ut den tunt på mjölad yta så den inte fastnar och forma den till en rund form. Toppa varje empanadilla med en matsked tonfisk. Fukta kanterna, stäng och tryck till med en gaffel tills det är väl tätt.

Stek i rikligt med olja och låt rinna av på absorberande papper.

FÖR MELLAN

För att minska kalorierna, grädda i 190°C tills de är gyllenbruna.

VITLÖKSRÄKA KROKET

INNEHÅLL

200 g räkor

120 g smör

120 g mjöl

1 liter mjölk

2 vitlöksklyftor

Mjöl, ägg och ströbröd (för överdrag)

Muskot

Olivolja

salt och peppar

DETALJER

Fräs den skivade vitlöken med smör i en kastrull på låg värme i 5 minuter.

Skala och hacka räkorna. Lägg dem i pannan och stek i 30 sekunder. Tillsätt mjölet och stek ytterligare 10 minuter på svag värme.

Tillsätt mjölken samtidigt och koka i ytterligare 45 minuter under konstant omrörning. Krydda med salt, peppar och muskotnöt.

Lägg degen på en plåt och låt den svalna helt. Skär den i de bitar du vill ha och forma den. Blanda den med mjöl, ägg och ströbröd och stek den i mycket olja.

FÖR MELLAN

Mjölk kan användas istället för en god buljong från huvuden och kadaverna på räkor.

MOZZARELLA, körsbärs- och rucolaspett

INNEHÅLL

16 mozzarellabollar

16 körsbärstomater

1 liten näve färsk ruccola

1 msk hackade valnötter

Olivolja

DETALJER

Koka upp vattnet, tillsätt tomaterna och koka i 30 sekunder. Ta bort och kyl i vatten och is.

Skala körsbären och koppla ihop spetten med dem till osten.

Smula ruccola och valnötter i lite olja och servera denna sås på spett.

FÖR MELLAN

Att blanchera tomaterna gör dem väldigt lätta att skala och konsistensen är väldigt fin och mjuk.

GILDAS

INNEHÅLL

16 **urkärnade svarta oliver**

16 **paprika**

16 **ansjovis**

8 **piquillo paprika**

DETALJER

Förbered sexton bollar genom att fördela oliver, paprika, ansjovis och piquillopeppar.

FÖR MELLAN

Detta är ett mycket typiskt mellanmål i Euskadi. De bästa paprikorna är de från städerna Guipúzcoa, och den bästa ansjovisen är de från Santoña.

HEMMADA EMPANADADEG

INNEHÅLL

1 glas vin

1 glas mjölk

2 ägg

Berömmelse

1 dl olivolja eller solrosolja

Salt

DETALJER

Vispa alla vätskor och salt med en mixer. Tillsätt mjölet lite i taget tills degen får en konsistens som inte fastnar på händerna. Dela degen på mitten och sträck ut den med en kavel tills den är väldigt tunn.

Klä en plåt med bakplåtspapper och lägg ett av deglagren ovanpå. Nagga i ytan med en gaffel och fyll med vad du vill (det ska vara kallt).

Lägg det andra deglagret ovanpå, stick hål med en gaffel och skär i mitten så att ångan kommer ut. Förslut kanterna och måla med uppvispad äggula.

Värm ugnen till 190°C och grädda i 25 minuter eller tills ytan är gyllene.

FÖR MELLAN

Du kan använda vilken typ av vin som helst: vitt, rött, sött, etc. Kryddor, som en god cayennepeppar, kan också blandas in i degen.

KYCKLING OCH KOKTA ÄGG KROKKER

INNEHÅLL

120 g smör

120 g mjöl

1 liter mjölk

1 kycklingbröst

2 hårdkokta ägg

Mjöl, ägg och ströbröd (för överdrag)

Muskot

Olivolja

salt och peppar

DETALJER

Koka bröstet i 12 minuter, svalna och skär i små bitar.

Smält smöret i en panna, tillsätt mjölet och stek i 10 minuter på låg värme. Tillsätt mjölken samtidigt och koka i ytterligare 40 minuter under konstant omrörning. Tillsätt de kokta äggen och kycklingen, skuren i bitar. Fortsätt koka i ytterligare 5 minuter.

Krydda med salt, peppar och muskotnöt.

Lägg degen på en plåt och låt den svalna helt. Skär den i de bitar du vill ha och forma den. Blanda den med mjöl, ägg och ströbröd och stek den i mycket olja.

FÖR MELLAN

En del av mjölken kan ersättas med buljong som kommer från tillagning av kycklingen.

BLÅOST OCH VALNÖT KROKKA

INNEHÅLL

120 g smör

120 g mjöl

100 g ädelost

1 liter mjölk

1 näve kvarterade valnötter

Mjöl, ägg och ströbröd (för överdrag)

Muskot

Olivolja

salt och peppar

DETALJER

Smält smöret i en panna, tillsätt mjölet och stek i 10 minuter på låg värme. Tillsätt mjölken och osten på en gång och låt koka i ytterligare 45 minuter på låg värme under konstant omrörning. Krydda med salt, peppar och muskotnöt.

Lägg degen på en plåt och låt den svalna helt. Skär den i de bitar du vill ha och forma den. Lägg en fjärdedel av en valnöt i varje krokett. Blanda den med mjöl, ägg och ströbröd och stek den i mycket olja.

FÖR MELLAN

Smaka av krokettdegen innan du tillsätter salt, eftersom osten ger mycket salt.

Grillad ANANAS OCH GRÖNTSAKERSKYCKLING

INNEHÅLL

8 **skivor bröd**

40 **g olika sallad**

40 **g hackad Manchegoost**

1 **litet kycklingbröst**

4 **msk rosa sås** (se fond och såser)

2 **skivor ananas i sirap**

2 **inlagda gurkor**

1 **kokt ägg**

Olivolja

DETALJER

Grädda bröstet i 12 minuter. Kyl och skär i tunna strimlor.

Stek båda sidor av ananasen i lite olja. Reservera och finhacka.

Hacka ägget och gurkan och blanda övriga ingredienser med den rosa såsen.

Rosta brödet och täck det med fyllningen.

FÖR MELLAN

Den kan också göras med kokta skinkbitar eller till och med konserverad tonfisk.

COUNTRY sallad

INNEHÅLL

4 **stora potatisar**

150 **g konserverad tonfisk**

20 **oliver**

4 **kokta ägg**

4 **tomater**

2 **gurkor**

2 **grön paprika**

1 **stor lök**

Vinäger

Olivolja

Salt

DETALJER

Skala potatisen och skär den i medelstora skivor. Koka i kallt vatten med tillsatt salt på medelvärme tills det är kokt. Sila och kyl.

Tvätta grönsakerna och skär dem i vanliga bitar. Gör en vinägrett med 3 delar olja till 1 vinäger och tillsätt lite salt.

Blanda alla ingredienser i en skål och garnera med salladsdressingen.

FÖR MELLAN

Du kan steka 1 matsked söt röd paprika i olja i 5 sekunder. Låt sedan svalna och blanda med vinägretten.

Tysk sallad

INNEHÅLL

1 kg potatis

75 g inlagd pickles

8 matskedar majonnäs

4 matskedar senap

8 korvar

1 vårlök

1 äpple

salt och peppar

DETALJER

Skala potatisen, skär den i tärningar och koka den i vatten. Låt det svalna.

Skär vårlöken och äpplet i små bitar, skär korven och såsen i skivor.

Blanda majonnäs och senap i en skål och tillsätt övriga ingredienser. Krydda efter smak.

FÖR MELLAN

Det är ett väldigt komplett recept eftersom det innehåller grönsaker, frukt och kött. Den kan också göras med söt senap.

RISALLAD

INNEHÅLL

200 gram ris

150 g Yorkskinka

35 g olivolja

6 kapris

3 inlagda gurkor

1 liten vårlök

1 liten tomat

1 grön paprika

Rosa sås (se avsnittet buljong och såser)

DETALJER

Koka riset, låt rinna av, fräscha upp och förvara i kylen.

Finhacka vårlöken, kapris, oliver, tomater, paprika och gurkor och skär Yorkskinkan i små bitar.

Blanda alla ingredienser med ris och garnera med rosa sås.

FÖR MELLAN

Du kan också använda strimlor av konserverad tonfisk, osttärningar, piquillopeppar osv.

MER SALLAD

INNEHÅLL

100 g tonfisk

20 olivolja

4 burkar vit sparris

3 kokta ägg

2 tomater

1 bit sallad

1 riven morot

1 tvilling

Vinäger

Olivolja

Salt

DETALJER

Tvätta, desinficera och skär salladen i medelstora bitar. Tvätta tomaterna och skär dem i åttondelar och skär äggen i skivor.

Gör en salladsdressing med 3 delar olja till 1 vinäger med en nypa salt.

Lägg salladen i botten av en salladsskål och toppa med resterande ingredienser. Klänning med vinägrett.

FÖR MELLAN

Efter att ha tvättat sallad, lägg bladen i isvatten. Detta håller dem grönare och väldigt krispiga.

HET PIPIRANA sallad med bläckfisk

INNEHÅLL

12 **rena bläckfiskar**

1 **stor italiensk grön paprika**

2 **vitlöksklyftor**

2 **tomater**

1 **tvilling**

1 **gurka**

9 **matskedar olivolja**

3 **matskedar vinäger**

Salt

DETALJER

Rengör grönsakerna och skär dem i medelstora bitar. Skala gurkor och skär dem i samma storlek.

Gör en salladsdressing genom att blanda olja, vinäger och salt. Klä salladen med vinägrett och blanda.

Hetta upp pannan med lite olja, stek babybläckfisken i 30 sekunder på varje sida, tillsätt salt och tillsätt pipirrana i pannan. Värm upp något och servera varmt.

FÖR MELLAN

Överhett inte pipirrana, eftersom vinägern kommer att avdunsta och dess smak går förlorad.

CAPRESSE SALLAD

INNEHÅLL

1 kg tomater

250 g mozzarellaost

½ knippe färsk basilika

Modena-reduktion (valfritt)

extra virgin olivolja

Salt

DETALJER

Blanda färsk basilika med lite olja. Skiva tomater och mozzarella och lägg på en tallrik.

Klä med basilikaolja, salt och Modena-reduktion om så önskas.

FÖR MELLAN

Basilikaolja kan ersättas med en stor pestosås.

RYSK SALLAD

INNEHÅLL

1 **kg potatis**

400 **g morötter**

250 **g ärtor**

400 **g tonfisk i olja**

4 **kokta ägg**

1 **piquillopeppar**

Grön olivolja

Majonnäs

Salt

DETALJER

Skala potatisen och morötterna och skär dem i medelstora bitar. Koka dem i olika behållare på låg värme så att de inte går sönder. Koka ärtorna separat utan lock så att de inte mörknar. Färska grönsakerna och låt dem svalna.

Lägg tonfisk, ägg, oliver och hackad paprika i en salladsskål. Tillsätt potatis, morötter och ärtor. Salt, majonnässås efter smak och rör om. Förvara i kylen fram till servering.

FÖR MELLAN

Blanda majonnäs med kokta rödbetor och lägg i salladen. Beroende på mängden som används kommer salladen att vara rosa eller lila med en mycket distinkt och lätt rödbetsarom.

ORANGE VIT BÖNSALLAD

INNEHÅLL

200 g vita bönor, kokta

200 g bacon

2 apelsiner

1 vårlök

1 matsked senap

2 matskedar vinäger

9 matskedar olivolja

salt och peppar

DETALJER

Skär baconet i strimlor och stek i lite olja. Reserverad.

Skär löken i tunna julienneformar. Tvätta bönorna väl. Ta bort bitarna från apelsinerna och ta bort det vita skalet som täcker dem.

Gör en salladsdressing med olja, vinäger och senap.

Blanda alla ingredienser med vinägrett och smaka av med salt och peppar.

FÖR MELLAN

Inlagd rapphöna är det perfekta tillbehöret till denna sallad.

WHISKEY kycklingstrimlor

INNEHÅLL

12 kycklinglår

200 ml grädde

150 ml whisky

100 ml kycklingbuljong

3 äggulor

1 vårlök

Berömmelse

Olivolja

salt och peppar

DETALJER

Krydda, mjöl och stek kycklinglåren. Ta bort och reservera.

Fräs den finhackade löken i samma olja i 5 minuter. Tillsätt whiskyn och flambering (locket måste vara av). Häll grädden i vattnet. Lägg tillbaka kycklingen och koka på svag värme i 20 minuter.

Ta av från värmen, tillsätt äggulan och rör försiktigt tills såsen tjocknar något. Smaka av med salt och peppar ev.

FÖR MELLAN

Whisky kan ersättas med vår favorit alkoholhaltiga dryck.

RAID AND

INNEHÅLL

1 ren int

1 liter kycklingbuljong

4 dl sojasås

3 matskedar honung

2 vitlöksklyftor

1 liten lök

1 röd paprika

färsk ingefära

Olivolja

salt och peppar

DETALJER

Blanda i en skål kycklingbuljong, soja, riven vitlök, finhackad röd paprika och lök, honung, en bit riven ingefära och peppar. Marinera ankan i denna blandning i 1 timme.

Ta ur marinaden och lägg på en plåt med hälften av marinadvätskan. Stek i 200°C i 10 minuter på varje sida. Blöt den hela tiden med en borste.

Sänk ugnen till 180°C och grädda i ytterligare 18 minuter på varje sida (fortsätt borsta var 5:e minut).

Ta bort och reservera ankan och reducera såsen till hälften i en kastrull på medelvärme.

FÖR MELLAN

Koka fåglarna på bröstet först, det gör dem mindre torra och vattniga.

VILLAROY Kycklingbröst

INNEHÅLL

1 kg kycklingbröst

2 morötter

2 stjälkar selleri

1 tvilling

1 ljög

1 grov

Mjöl, ägg och ströbröd (för överdrag)

för béchamel

1 liter mjölk

100 g smör

100 g mjöl

Muskot

salt och peppar

DETALJER

Koka alla rena grönsaker i 2 liter (kallt) vatten i 45 minuter.

Gör under tiden béchamel genom att steka mjöl och smör på medelvärme i 5 minuter. Tillsätt sedan mjölken och blanda. Krydda och tillsätt kokos. Koka på låg värme i 10 minuter utan att stanna.

Häll ut buljongen och koka bröstet (helt eller filé) i det i 15 minuter. Ta bort och låt svalna. Fräs bröstet väl med bechamelsås och förvara i kylen. Efter att den har svalnat rullar du den i mjölet, sedan ägget och till sist brödet. Stek i rikligt med olja och servera varma.

FÖR MELLAN

Du kan använda buljong och krossade grönsaker för att göra en läcker kräm.

KYCKLINGSÖT MED CITRONSENAPSÅS

INNEHÅLL

4 kycklingbröst

250 ml grädde

3 matskedar konjak

3 matskedar senap

1 matsked mjöl

2 vitlöksklyftor

1 citron

½ vårlök

Olivolja

salt och peppar

DETALJER

Skär bröstet i vanliga bitar, krydda med lite olja och stek. Reserverad.

Fräs lök och finhackad vitlök i samma olja. Tillsätt mjölet och koka i 1 minut. Tillsätt konjaken tills det dunstar och tillsätt grädden, 3 msk citronsaft och -skal, senap och salt. Koka såsen i 5 minuter.

Lägg tillbaka kycklingen och låt koka i ytterligare 5 minuter på låg värme.

FÖR MELLAN

Riv citronen innan du extraherar saften. Den kan också göras med kuber istället för bröst för att spara pengar.

ROSTAD PINTADA MED PLOMMO OCH SVAMP

INNEHÅLL

1 graffiti

250 g svamp

200 ml port

¼ liter kycklingbuljong

15 planterade plommon

1 vitlöksklyfta

1 tsk mjöl

Olivolja

salt och peppar

DETALJER

Krydda med salt och peppar och rosta flickan och plommonen i 40 minuter vid 175°C. Halvvägs genom tillagningen, vänd. När tiden är ute, ta bort safterna och reservera.

Fräs 2 matskedar olja och mjöl i en kastrull i 1 minut. Ta ett bad i vinet och låt det reducera till hälften. Fukta med brässjuice och buljong. Koka i 5 minuter utan att sluta röra.

Tillsätt svampen separat i såsen med lite hackad vitlök och låt koka upp. Servera märgeln med såsen.

FÖR MELLAN

För speciella tillfällen kan du fylla tjejen med äpplen, foie gras, köttfärs och torkad frukt.

 AVES

VILLAROY KYCKLINGBRÖST MED KARAMELISERADE PIQUILLOS MED MODENA VÄTTIKA

INNEHÅLL

4 kycklingbröstfiléer

100 g smör

100 g mjöl

1 liter mjölk

1 dussin piquillo paprika

1 glas Modena vinäger

½ kopp socker

Muskot

Ägg och bröd (för beläggning)

Olivolja

salt och peppar

DETALJER

Stek smör och mjöl på svag värme i 10 minuter. Häll sedan på mjölken och koka i 20 minuter under konstant omrörning. Tillsätt salt och kokos. låt det svalna.

Karamellisera under tiden paprikan med vinäger och socker tills vinägern tjocknar (nyss börjat).

Krydda filéerna och fyll med piquillo. Slå in brösten i en genomskinlig film som om de vore mycket hårt godis, täck över och koka i vatten i 15 minuter.

Efter tillagning, fräs den med béchamel på alla sidor och passera den genom uppvispade ägg och bröd. Stek i mycket olja.

FÖR MELLAN

Om en eller två matskedar curry tillsätts medan du fräser mjölet till béchamelen blir resultatet annorlunda och mycket fylligt.

KYCKLINGSHERDE MED BACON, SVAMP OCH OST

INNEHÅLL

4 kycklingbröstfiléer

100 g svamp

4 skivor rökt bacon

2 matskedar senap

6 matskedar grädde

1 tvilling

1 vitlöksklyfta

skivad ost

Olivolja

salt och peppar

DETALJER

Krydda kycklingfiléerna. Rensa svampen och skär dem i fjärdedelar.

Bryn baconet och fräs den hackade svampen med vitlöken på hög värme.

Fyll filéerna med bacon, ost och svamp och förslut dem perfekt med en klar hinna som om de vore godis. Koka i kokande vatten i 10 minuter. Lägg filmen i filén.

Fräs däremot löken som du hackat i små bitar, tillsätt grädde och senap, koka och rör om i 2 minuter. Sås på kyckling

FÖR MELLAN

Den genomskinliga filmen tål höga temperaturer och ger ingen smak åt maten.

KYCKLING OCH SÖTT VIN MED PLOMMO

INNEHÅLL

1 stor kyckling

100 g kokta plommon

½ liter kycklingbuljong

½ flaska dessertvin

1 vårlök

2 morötter

1 vitlöksklyfta

1 matsked mjöl

Olivolja

salt och peppar

DETALJER

Krydda kycklingen med olja i en mycket het panna och stek i bitar. Ta ut den och reservera.

Fräs lök, vitlök och finhackade morötter i samma olja. När grönsakerna är genomstekta, tillsätt mjölet och koka ytterligare en minut.

Ta ett bad i sött vin och skruva upp värmen tills det nästan är helt reducerat. Fukta med fond och tillsätt kyckling och plommon igen.

Grädda i ca 15 minuter eller tills kycklingen är mör. Ta bort kycklingen och rör ner såsen. Krydda med salt.

FÖR MELLAN

Om lite kallt smör tillsätts i den krossade såsen och vispas med en visp tjocknar den och glänser.

Pistage apelsin kycklingbröst

INNEHÅLL

4 kycklingbröst

75 g cashewnötter

2 glas färsk apelsinjuice

4 matskedar honung

2 matskedar Cointreau

Berömmelse

Olivolja

salt och peppar

DETALJER

Krydda och mjöla bröstet. Stek i rikligt med olja, ta bort och reservera.

Sjud apelsinjuicen med Cointreau och honung i 5 minuter. Lägg bröstet i såsen och koka på svag värme i 8 minuter.

Servera genom att strö såsen och jordnötterna ovanpå.

FÖR MELLAN

Ett annat sätt att göra en god apelsinsås är att börja med inte för mörka karameller, i vilka naturlig apelsinjuice har tillsatts.

PICKAD RÖD

INNEHÅLL

4 hästar

300 g lök

200 g morötter

2 glas vitt vin

1 huvud vitlök

1 lagerblad

1 glas vinäger

1 vattenglas mätolja

Salt och 10 svartpepparkorn

DETALJER

Krydda rapphönsen och stek på hög värme. Ta bort och reservera.

Fräs morötter och finhackad lök i samma olja. När grönsakerna är mjuka, tillsätt vin, vinäger, svartpeppar, salt, vitlök och lagerblad. Fräs i 10 minuter.

Ta tillbaka rapphönan och koka på svag värme i ytterligare 10 minuter.

FÖR MELLAN

Det går bra att lämna inlagd kött eller fisk i minst 24 timmar för att det ska bli godare.

CACCIATOR KYCKLING

INNEHÅLL

1 hackad kyckling

50 g skivad svamp

½ liter kycklingbuljong

1 glas vitt vin

4 rivna tomater

2 morötter

2 vitlöksklyftor

1 ljög

½ lök

1 knippe aromatiska örter (timjan, rosmarin, lagerblad...)

Olivolja

salt och peppar

DETALJER

Ta upp kycklingen med lite olja och stek i en väldigt het panna. Ta ut den och reservera.

Fräs skivade morötter, vitlök, purjolök och lök i samma olja. Tillsätt sedan rivna tomater. Stek tills tomaterna tappar saften. Ta tillbaka kycklingen.

Stek svampen för sig och lägg i den i grytan. Ta ett bad med ett glas vin och låt det reducera.

Fukta med buljong och tillsätt aromatiska örter. Koka tills kycklingen är mör. Justera saltet.

FÖR MELLAN

Denna maträtt kan också göras med kalkon eller till och med kanin.

COCA COLA-STIL Kycklingvingar

INNEHÅLL

1 kg kycklingvingar

½ liter cola

4 matskedar farinsocker

2 matskedar sojasås

1 jämn matsked timjan

½ citron

salt och peppar

DETALJER

Häll Coca-Cola, socker, soja, timjan och ½ citronsaft i en kastrull och koka i 2 minuter.

Skär vingarna på mitten och smaka av med salt. Grädda i 160°C tills de fått lite färg på dem. Tillsätt under tiden hälften av såsen och vänd vingarna. Gör dem var 20:e minut.

När såsen minskar, tillsätt den andra hälften och fortsätt koka tills såsen tjocknar.

FÖR MELLAN

Att lägga till en nypa vanilj samtidigt som du gör såsen ökar smaken och ger den en unik touch.

Vitlökskyckling

INNEHÅLL

1 hackad kyckling

8 vitlöksklyftor

1 glas vitt vin

1 matsked mjöl

1 röd paprika

Vinäger

Olivolja

salt och peppar

DETALJER

Krydda kycklingen och stek väl. Reservera och låt oljan svalna.

Tärna vitlöken och (stek inte i olja) fräs vitlöken och röd paprika innan de ändrar färg.

Bada i vin och låt reducera tills det når en viss tjocklek, men torka inte.

Tillsätt sedan långsamt kycklingen och en matsked mjöl. Rör om (se om vitlöken fastnar på kycklingen; om inte, tillsätt lite mer mjöl tills det fastnar något).

Täck över och vänd då och då. Koka på låg värme i 20 minuter. Avsluta med lite vinäger och koka i 1 minut till.

FÖR MELLAN

Grillad kyckling är viktigt. Den måste vara på väldigt hög värme så att den är gyllene på utsidan och saftig på insidan.

BARNSKYCKLING

INNEHÅLL

1 liten kyckling, hackad

350 g hackad Serranoskinka

1 låda 800 g krossade tomater

1 stor röd paprika

1 stor grön paprika

1 stor lök

2 vitlöksklyftor

Oregano

1 glas vitt eller rött vin

Socker

Olivolja

salt och peppar

DETALJER

Ta kycklingen och stek på hög värme. Ta ut den och reservera.

Fräs paprika, vitlök och medelstor hackad lök i samma olja. När grönsakerna är väl brynta, tillsätt skinkan och koka i ytterligare 10 minuter.

Ta bort kycklingen och skölj med vin. Låt det koka på hög värme i 5 minuter och tillsätt tomater och timjan. Sänk värmen och koka i ytterligare 30 minuter. Justera salt och socker.

FÖR MELLAN

Samma recept kan även göras med köttbullar. Det finns inget kvar på tallriken!

Vaktel och röd frukt pickle

INNEHÅLL

4

150 g röd frukt

1 glas vinäger

2 glas vitt vin

1 morot

1 ljög

1 vitlöksklyfta

1 lagerblad

Berömmelse

1 vattenglas mätolja

salt och peppar

DETALJER

Mjöla, krydda och stek vakteln i en panna. Ta ut den och reservera.

Fräs skivade morötter och bönor och skivad vitlök i samma olja. När grönsakerna är mjuka, tillsätt olja, vinäger och vin.

Tillsätt lagerblad och peppar. Smaka av med salt och koka med röda bär i 10 minuter.

Tillsätt vakteln och koka i ytterligare 10 minuter tills de är mjuka. Låt oss hålla oss borta från värmen.

FÖR MELLAN

Till denna marinad med vaktelkött till en fin sås och en god salladssallad.

CITRONKYCKLING

INNEHÅLL

1 kyckling

30 g socker

25 g smör

1 liter kycklingbuljong

1 dl vitt vin

Saft av 3 citroner

1 tvilling

1 ljög

Olivolja

salt och peppar

DETALJER

Ta kycklingen och krydda den. Stek på hög värme och ta bort.

Skala löken, rengör päronet och skär i julienne-remsor. Fräs grönsakerna i oljan som kycklingen tillagas i. Ta ett bad med vinet och låt det reducera.

Tillsätt citronsaft, socker och vatten. Koka i 5 minuter och lämna tillbaka kycklingen. Koka ytterligare 30 minuter på låg värme. Krydda med salt och peppar.

FÖR MELLAN

Det är bättre att krossa den så att såsen blir tunnare och det inte finns några grönsaksbitar.

SERRANO SKINKA, CASAR TÅRTA OCH ROKETKYCKLING SAN JACOBO

INNEHÅLL

8 tunna kycklingfiléer

150 g Casar tårta

100 g raket

4 skivor Serranoskinka

Mjöl, ägg och spannmål (för beläggning)

Olivolja

salt och peppar

DETALJER

Krydda kycklingfiléerna och bred ut med ost. Lägg ruccola och serranoskinka på den ena och lägg den andra ovanpå, täck. Gör likadant med resten.

Sikta igenom mjöl, uppvispat ägg och krossade korn. Stek i rikligt med het olja i 3 minuter.

FÖR MELLAN

Den kan täckas med krossade popcorn, kikos eller till och med maskar. Resultatet är väldigt roligt.

BAKAD KYCKLINGCURRY

INNEHÅLL

4 kycklingbitar (per person)

1 liter grädde

1 vårlök eller lök

2 matskedar curry

4 naturell yoghurt

Salt

DETALJER

Skär löken i små bitar och blanda med yoghurt, grädde och curry i en skål. Salt säsong.

Skär kycklingen i små bitar och marinera i yoghurtsås i 24 timmar.

Rosta i 90 minuter i 180°C, ta bort kycklingen och servera med vispad gräddsås.

FÖR MELLAN

Om det finns någon sås kvar kan du använda den för att göra läckra köttbullar.

KYCKLING OCH RÖTT VIN

INNEHÅLL

1 hackad kyckling

½ liter rött vin

1 kvist rosmarin

1 bit timjan

2 vitlöksklyftor

2 tomma

1 röd paprika

1 morot

1 tvilling

Kycklingsoppa

Berömmelse

Olivolja

salt och peppar

DETALJER

Krydda och stek kycklingen i en väldigt het stekpanna. Ta ut den och reservera.

Skär grönsakerna i små bitar och stek dem i samma olja som kycklingen stektes i.

Ta ett bad med vin, tillsätt aromatiska örter och koka på hög värme i cirka 10 minuter tills vattnet avdunstar. Ta bort kycklingen och häll i tillräckligt med fond för att täcka. Koka i ytterligare 20 minuter eller tills köttet är mört.

FÖR MELLAN

Vill du ha en tunnare sås utan klumpar, rör om och sila av såsen.

ROSTAD KYCKLING MED SVART ÖL

INNEHÅLL

4 kycklinglår

750 ml mörk öl

1 matsked spiskummin

1 bit timjan

1 kvist rosmarin

2 lökar

3 vitlöksklyftor

1 morot

salt och peppar

DETALJER

Skär lök, morot och vitlök i julienneformar. Lägg timjan och rosmarin på botten av en bakplåt och lägg lök, morot och vitlök ovanpå; och sedan kycklingrumpan, med skinnsidan nedåt, kryddad med en nypa spiskummin. Grädda i 175°C i ca 45 minuter.

Efter 30 minuter, blötlägg dem i ölen, vänd dem och grädda i ytterligare 45 minuter. När kycklingen är rostad, ta bort den från plåten och blanda såsen.

FÖR MELLAN

Smaken blir ännu bättre om du lägger 2 äppelskivor i mitten av steken och blandar dem med resten av såsen.

Choklad Cupcake

INNEHÅLL

4 hästar

½ liter kycklingbuljong

½ glas rött vin

1 kvist rosmarin

1 bit timjan

1 vårlök

1 morot

1 vitlöksklyfta

1 riven tomat

Choklad

Olivolja

salt och peppar

DETALJER

Krydda och bryn rapphönsen. Reserverad.

Fräs finhackade morötter, vitlök och vårlök i samma olja på medelvärme. Öka värmen och tillsätt tomaterna. Koka tills vattnet försvinner. Ta ett bad i vin och låt det reducera nästan helt.

Fukta med buljong och tillsätt örter. Koka på låg värme tills rapphönsen blir mjuka. Justera saltet. Ta av från värmen och tillsätt choklad efter smak. Lyfta upp.

FÖR MELLAN

Du kan lägga till het paprika för att ge rätten en kryddig touch, rostade hasselnötter eller mandel om du vill ha det knaprigt.

ROSTAD KALKON MED RÖD FRUKTSÅS

INNEHÅLL

4 kalkonben

250 g röd frukt

½ liter kava

1 bit timjan

1 kvist rosmarin

3 vitlöksklyftor

2 tomma

1 morot

Olivolja

salt och peppar

DETALJER

Puré, rensa morot och vitlök och skär julienne. Lägg denna grönsak på en bakplåt tillsammans med timjan, rosmarin och röda bär.

Lägg kalkonbitarna med skinnsidan nedåt, kryddade med en droppe olja. Grädda i 175°C i 1 timme.

Efter 30 minuter, ta ett bad med cava. Vänd köttet och stek i ytterligare 45 minuter. När tiden är ute, ta bort från facket. Rör om såsen, sila och justera med salt.

FÖR MELLAN

Kalkonen är färdig när inälven och inälven lätt kommer ut.

ROSTAD KYCKLING MED PERSIKKSÅS

INNEHÅLL

4 kycklinglår

½ liter vitt vin

1 bit timjan

1 kvist rosmarin

3 vitlöksklyftor

2 persikor

2 lökar

1 morot

Olivolja

salt och peppar

DETALJER

Skär lök, morot och vitlök i julienneformar. Skala persikorna, skär dem på mitten och ta bort gropar.

Lägg timjan och rosmarin på botten av en plåt tillsammans med morötter, lök och vitlök. Lägg bakdelen ovanpå, med skinnsidan nedåt, krydda med en droppe olja och rosta i 175°C i cirka 45 minuter.

Efter 30 minuter skölj med vitt vin, vänd och rosta i ytterligare 45 minuter. När kycklingen är rostad, ta bort den från plåten och blanda såsen.

FÖR MELLAN

Äpplen eller päron kan läggas till steken. Såsen kommer att smaka bra.

Kycklingfilé med spenat och mozzarella

INNEHÅLL

8 tunna kycklingfiléer

200 g färsk spenat

150 g mozzarella

8 basilikablad

1 tsk malen spiskummin

Mjöl, ägg och ströbröd (för överdrag)

Olivolja

salt och peppar

DETALJER

Krydda bröstet på båda sidor. Toppa med spenat, riven ost och hackad basilika och täck med ytterligare en filé. Sikta mjöl, uppvispat ägg, ströbröd och spiskumminblandningen.

Stek några minuter på varje sida och ta bort överflödig olja på absorberande papper.

FÖR MELLAN

Det perfekta tillbehöret är en god tomatsås. Denna maträtt kan göras med kalkon eller till och med färsk filé.

JAVA grillad kyckling

INNEHÅLL

4 kycklinglår

1 flaska Cava

1 bit timjan

1 kvist rosmarin

3 vitlöksklyftor

2 lökar

Olivolja

salt och peppar

DETALJER

Skär löken och julienne vitlöken. Lägg timjan och rosmarin på botten av en bakplåt och lägg löken, vitlöken och sedan de kryddade kycklingläggen med skinnsidan nedåt. Grädda i 175°C i ca 45 minuter.

Efter 30 minuter, tvätta dem med cava, vänd dem och grädda i ytterligare 45 minuter. När kycklingen är rostad, ta bort den från plåten och blanda såsen.

FÖR MELLAN

En annan variant av samma recept är att göra det med lambrusco eller dessertvin.

Kyckling shish med jordnötssås

INNEHÅLL

600 g kycklingbröst

150 g jordnötter

500 ml kycklingbuljong

200 ml grädde

3 msk sojasås

3 matskedar honung

1 msk curry

1 finhackad cayennepepp

1 msk citronsaft

Olivolja

salt och peppar

DETALJER

Mal jordnötterna mycket väl tills de blir en pasta. Blanda i en skål med citronsaft, buljong, soja, honung, curry, salt och peppar. Skär bröstet i bitar och marinera i denna blandning över natten.

Ta bort kycklingen och lägg på spetten. Koka föregående blandning med grädden på låg värme i 10 minuter.

Stek spetten i en panna på medelvärme och servera med sås.

FÖR MELLAN

De kan göras med kycklingfond. Men istället för att rosta dem i panna, rosta dem med sås i ugnen.

KYCKLING OCH PEPITORIA

INNEHÅLL

1½ kg kyckling

250 g lök

50 g rostad mandel

25 g rostat bröd

½ liter kycklingbuljong

¼ liter gott vin

2 vitlöksklyftor

2 lagerblad

2 hårdkokta ägg

1 matsked mjöl

14 tråds saffran

150 g olivolja

salt och peppar

DETALJER

Ta den skivade kycklingen och krydda den. Brun och reservera.

Skär lök och vitlök i små bitar och stek i samma olja som kycklingen tillagades i. Tillsätt mjölet och stek i 5 minuter på låg värme. Ta ett bad med vinet och låt det reducera.

Fukta med saltad buljong och koka i ytterligare 15 minuter. Tillsätt sedan de reserverade kycklingarna tillsammans med lagerbladen och koka tills kycklingarna är mjuka.

Stek saffran separat och tillsätt det i blandningen tillsammans med rostat bröd, mandel och äggula. Mosa den tills du får en pasta och lägg den i kycklinggrytan. Koka i ytterligare 5 minuter.

FÖR MELLAN

Det finns inget bättre tillbehör till detta recept än en god rispilaff. Den kan serveras med hackad äggvita och lite finhackad persilja.

Apelsinkyckling

INNEHÅLL

1 kyckling

25 g smör

1 liter kycklingbuljong

1 dl rosévin

2 matskedar honung

1 bit timjan

2 morötter

2 apelsiner

2 tomma

Olivolja

salt och peppar

DETALJER

Krydda den hackade kycklingen i olivolja på hög värme och stek. Ta bort och reservera.

Skala och rensa morötter och päron och skär dem i julienne-remsor. Koka den i samma olja som kycklingen stektes i. Ta ett bad i vinet och koka på hög värme tills det minskar.

Tillsätt apelsinjuice, honung och vatten. Koka i 5 minuter och lägg i kycklingbitarna igen. Koka på låg värme i 30 minuter. Tillsätt det kalla smöret och smaka av med salt och peppar.

FÖR MELLAN

Du kan ösa ur en näve nötter och lägga till dem i grytan i slutet av tillagningen.

Lösningar kycklingförsäkring

INNEHÅLL

1 kyckling

200 g Serranoskinka

200 g köttbullar

50 g smör

600 ml kycklingbuljong

1 glas vitt vin

1 bit timjan

1 vitlöksklyfta

1 morot

1 tvilling

1 tomat

Olivolja

salt och peppar

DETALJER

Skär kycklingen, krydda och stek i smör och lite olja. Ta bort och reservera.

I samma olja fräs lök, morot och vitlök, som är hackad i små bitar, tillsammans med den tärnade skinkan. Öka värmen och tillsätt hackad boletus. Koka i 2 minuter, tillsätt den rivna tomaten och koka tills den tappar all saft.

Ta bort kycklingbitarna och skölj med vinet. Reducera tills såsen nästan är torr. Fukta med buljong och tillsätt timjan. Koka på låg värme i 25 minuter eller tills kycklingen är mör. Justera saltet.

FÖR MELLAN

Använd säsongsbetonad eller torkad svamp.

Sauterad kyckling med jordnötter och soja

INNEHÅLL

3 kycklingbröst

70 g russin

30 g mandel

30 g cashewnötter

30 g nötter

30 g hasselnötter

1 dl kycklingbuljong

3 msk sojasås

2 vitlöksklyftor

1 röd paprika

1 citron

Ingefära

Olivolja

salt och peppar

DETALJER

Skär bröstet, salta och peppra och stek i panna på hög värme. Ta bort och reservera.

Fräs hasselnötterna i denna olja med riven vitlök, en bit riven ingefära, peppar och en citronklyfta.

Tillsätt russin, reserverat kycklingbröst och soja. Reducera i 1 minut och skölj med buljong. Koka ytterligare 6 minuter på medelvärme och justera saltet om det behövs.

FÖR MELLAN

Det kommer praktiskt taget inte att vara nödvändigt att använda salt, eftersom det nästan helt kommer från sojabönor.

CHOKLADKYCKLING MED RÖD MANDEL

INNEHÅLL

1 kyckling

60 g riven mörk choklad

1 glas rött vin

1 bit timjan

1 kvist rosmarin

1 lagerblad

2 morötter

2 vitlöksklyftor

1 tvilling

Kycklingbuljong (eller vatten)

rostade mandlar

extra virgin olivolja

salt och peppar

DETALJER

Ta kycklingen, krydda den och stek den i en långsam kokare. Ta bort och reservera.

Fräs lök, morot och vitlök, som du hackat i små bitar, i samma olja på låg värme.

Tillsätt lagerblad, timjan och rosmarinblad. Tillsätt vin och vatten och koka på svag värme i 40 minuter. Smaka av med salt och ta bort kycklingen.

Blanda såsen och lägg tillbaka den i grytan. Tillsätt kycklingen i chokladen och rör tills chokladen smält. Koka i ytterligare 5 minuter för att blanda smaker.

FÖR MELLAN

Avsluta med rostad mandel ovanpå. Att lägga till cayenne eller cayennepeppar ger den en kryddig touch.

SÄNKANDE LAMM KEBS MED PEPPAR OCH SENAPS

INNEHÅLL

350 g lammkött

2 matskedar vinäger

1 jämn matsked röd paprika

1 jämn matsked senap

1 jämn matsked socker

1 bricka körsbärstomater

1 grön paprika

1 röd paprika

1 liten vårlök

1 tvilling

5 matskedar olivolja

salt och peppar

DETALJER

Rensa grönsakerna, förutom vårlöken, och skär dem i medelstora rutor. Skär lammet i tärningar av samma storlek. Samla bollar, varva en bit kött och en bit grönsaker. Säsong. Stek i en väldigt het panna i lite olja 1 eller 2 minuter på varje sida.

Blanda separat senap, röd paprika, socker, olja, vinäger och finhackad lök i en skål. Krydda med salt och emulgera.

Servera nygjorda spett med lite röd paprikasås.

FÖR MELLAN

Du kan också lägga till 1 msk currypulver och en skvätt citron till salladsdressingen.

FYLLNING AV PORTERAD NÖT

INNEHÅLL

1 kg kalvkött (från bok till fyllning)

350 g fläsk

1 kg morötter

1 kg lök

100 g pinjenötter

1 liten burk piquillo paprika

1 låda svarta oliver

1 paket bacon

1 huvud vitlök

2 lagerblad

portvin

Köttvatten

Olivolja

salt och peppar

DETALJER

Krydda fenan på båda sidor. Toppa med fläsk, pinjenötter, hackad paprika, kvartade oliver och bacon skuren i strimlor. Rulla ihop den och lägg den i ett nät eller knyt den med tränstråd. Stek på mycket hög värme, ta ut och förvara.

Skär morötter, lök och vitlök i brunoiseformar och stek i samma olja som kalvköttet stektes i. Sätt tillbaka fenan. Bada i lite buljong och buljong tills allt är täckt. Tillsätt 8 svartpepparkorn och lagerblad. Koka på låg värme med locket stängt i 40 minuter. Vänd var 10:e minut. När köttet blivit mört tar du bort såsen och rör om.

FÖR MELLAN

Portvin kan ersättas med vilket annat vin eller champagne som helst.

KÖTTBUL MADRILEÑA

INNEHÅLL

1 kg nötfärs

500 g fläsk

500 g mogna tomater

150 g lök

100 g svamp

1 liter buljong (eller vatten)

2 dl vitt vin

2 msk färsk persilja

2 matskedar bröd

1 matsked mjöl

3 vitlöksklyftor

2 morötter

1 lagerblad

1 ägg

Socker

Olivolja

salt och peppar

DETALJER

Blanda de två köttbitarna med hackad persilja, 2 hackade vitlöksklyftor, bröd, ägg, salt och peppar. Gör bollar och stek i panna. Ta ut den och reservera.

Fräs löken med den andra vitlöken i samma olja, tillsätt mjölet och fräs. Tillsätt tomaterna och koka i ytterligare 5 minuter. Bada i vinet och koka i ytterligare 10 minuter. Fukta med buljong och fortsätt koka i ytterligare 5 minuter. Mal och jämna till salt och socker. Koka köttbullarna i såsen med lagerblad i 10 minuter.

Rengör, skala och skär morötter och svamp separat. Fräs i 2 minuter i lite olja och lägg i köttbullarna.

FÖR MELLAN

För att göra köttbulleblandningen mer utsökt, tillsätt 150g hackat färskt iberiskt bacon. När du gör bollar är det bättre att inte trycka för mycket så att de blir mer saftiga.

Chokladbiff WANKEN

INNEHÅLL

8 kalvkött

½ liter rött vin

6 uns choklad

2 vitlöksklyftor

2 tomater

2 tomma

1 bit selleri

1 morot

1 tvilling

1 kvist rosmarin

1 bit timjan

Berömmelse

Buljong (eller vatten)

Olivolja

salt och peppar

DETALJER

Krydda och stek kinderna i en väldigt het panna. Ta ut den och reservera.

Skär grönsakerna i brunoise former och stek dem i samma gryta där kinderna stektes.

När grönsakerna blivit mjuka, tillsätt de rivna tomaterna och koka tills vattnet dunstar bort. Tillsätt vinet, de aromatiska örterna och låt det brygga i 5 minuter. Tillsätt kinderna i buljongen tills de är täckta.

Koka tills kinderna är mjuka, choklad efter smak, rör om och justera salt och peppar.

FÖR MELLAN

Såsen kan krossas eller lämnas med hela grönsaksbitar.

CONFIT SUG-FLISKKAKA MED DESSERTVINSÅS

INNEHÅLL

½ fläskfärs

1 glas sött vin

2 glas rosmarin

2 bitar timjan

4 vitlöksklyftor

1 liten morot

1 liten lök

1 tomat

Lätt olivolja

Bay salt

DETALJER

Fördela spädgrisen på en bricka och krydda med salt på båda sidor. Tillsätt pressad vitlök och kryddor. Bestryk med olja och stek vid 100°C i 5 timmar. Låt det sedan svalna och ta bort ben, kött och skinn.

Klä en bakplåt med bakplåtspapper. Dela spädköttet och lägg spädgrisskinnet ovanpå (det ska vara minst 2 fingrar högt). Lägg ytterligare ett bakplåtspapper och lägg lite vikt på det och förvara i kylen.

Gör under tiden en tjock buljong. Skär benen och grönsakerna i medelstora bitar. Rosta benen i 185°C i 35 minuter, lägg på grönsakerna vid sidan om och rosta i ytterligare 25 minuter. Ta ut ur ugnen och häll i vinet. Lägg allt i en kastrull och täck med kallt vatten. Koka i 2 timmar på mycket låg värme. Sila och återgå till värmen tills det tjocknat något. Ta bort oljan.

Skär kakan i portionsbitar och stek i het panna tills skinnsidan är knaprig. Grädda i 180°C i 3 minuter.

FÖR MELLAN

Det är en mer mödosam rätt än svår, men resultatet är magnifikt. Det enda knepet för att inte förstöra det i slutändan är att servera såsen på ena sidan av köttet istället för på toppen.

MED KANIN MARC

INNEHÅLL

1 hackad kanin

80 g mandel

1 liter kycklingbuljong

400 ml örter

200 ml grädde

1 kvist rosmarin

1 bit timjan

2 lökar

2 vitlöksklyftor

1 morot

10 bitar saffran

salt och peppar

DETALJER

Skär kaninen, krydda och bryn. Ta bort och reservera.

Fräs morötter, lök och vitlök, som du hackat i små bitar, i samma olja. Tillsätt saffran och mandel och koka i 1 minut.

Höj temperaturen och ta ett avfallsbad. Tillsätt den flamberade kaninen igen och häll på fonden. Tillsätt timjan och rosmarinkvistar.

Koka i ca 30 minuter tills kaninen är mjuk och tillsätt grädden. Koka i ytterligare 5 minuter och justera saltet.

FÖR MELLAN

Flambear bränner en själs alkohol. Se till att huven är stängd när du gör detta.

PEPITORIA köttbullar i jordnötssås

INNEHÅLL

750 g nötkött

750 g fläsk

250 g lök

60 g hasselnötter

25 g rostat bröd

½ liter kycklingbuljong

¼ liter vitt vin

10 bitar saffran

2 msk färsk persilja

2 matskedar bröd

4 vitlöksklyftor

2 hårdkokta ägg

1 färskt ägg

2 lagerblad

150 g olivolja

salt och peppar

DETALJER

Blanda köttet, hackad persilja, hackad vitlök, ströbröd, ägg, salt och peppar i en skål. Mjöl och bryn i en kastrull på medelvärme. Ta bort och reservera.

I samma olja, stek lätt löken och de andra 2 vitlöksklyftorna, hackade i små tärningar. Ta ett bad med vinet och låt det reducera. Fukta med buljong och koka i 15 minuter. Tillsätt köttbullarna i såsen med lagerbladen och koka i ytterligare 15 minuter.

Stek saffran separat och krossa det i en mortel tillsammans med rostat bröd, nötter och äggula tills du får en slät pasta. Lägg dem i grytan och koka i ytterligare 5 minuter.

FÖR MELLAN

Servera med hackad äggvita och lite persilja strö över.

NÖTSKALOPIN MED SVART ÖL

INNEHÅLL

4 kalvfiléer

125 g shiitakesvamp

1/3 liter mörk öl

1 dl buljong

1 dl grädde

1 morot

1 vårlök

1 tomat

1 bit timjan

1 kvist rosmarin

Berömmelse

Olivolja

salt och peppar

DETALJER

Krydda filéerna och mjöla dem. stek lätt i en panna med lite olja. Ta ut den och reservera.

Fräs den skivade löken och moroten i samma olja. När den är kokt, tillsätt de rivna tomaterna och koka tills såsen nästan är torr.

Ta ett bad med öl, låt alkoholen avdunsta i 5 minuter på medelvärme och tillsätt buljong, örter och filé. Grädda i 15 minuter eller tills de är mjuka.

Stek de filéade svamparna separat på hög värme och tillsätt dem i grytan. Justera saltet.

FÖR MELLAN

Filéerna får inte vara överstekta, annars blir de för sega.

MADRILEÑA RESOR

INNEHÅLL

1 kg ren mage

2 gristravare

25 g mjöl

1 dl vinäger

2 matskedar röd paprika

2 lagerblad

2 lökar (1 med vass spets)

1 huvud vitlök

1 varm paprika

2 dl olivolja

20 g salt

DETALJER

Koka magen och fläsktraven i en kastrull fylld med kallt vatten. Koka i 5 minuter efter att det börjar koka.

Töm och fyll på med rent vatten. Tillsätt den skivade löken, paprikan, vitlökshuvudet och lagerbladen. Tillsätt eventuellt lite mer vatten för att täcka och koka på låg värme i 4 timmar eller tills ben och lår är mjuka.

När magen är klar tar du bort den hackade löken, lagerbladet och pepparn. Ta också ut travarna, ta bort benen och skär i bitar av storleken. Lägg tillbaka den i grytan.

Stek den andra löken hackad i brunoise separat, tillsätt röd paprika och 1 matsked mjöl. När den är kokt, tillsätt den i soppan. Koka i 5 minuter, salta och tillsätt tjockleken om det behövs.

FÖR MELLAN

Det här receptet blir gott om det tillagas en dag eller två i förväg. Du kan också lägga till några kokta kikärter och få en förstklassig grönsaksrätt.

ROSTAT FLÄSK MED ÄPPLEN OCH MINTA

INNEHÅLL

800 g färskt fläsk

500 g äpplen

60 g socker

1 glas vitt vin

1 glas konjak

10 myntablad

1 lagerblad

1 stor lök

1 morot

Olivolja

salt och peppar

DETALJER

Krydda köttbullarna och stek på hög värme. Ta bort och reservera.

Fräs rengjord och finhackad lök och morötter i denna olja. Skala äpplena och ta bort kärnorna.

Lägg över allt på en bakplåt, skölj med alkohol och tillsätt berberbladet. Grädda i 185°C i 90 minuter.

Ta bort äpplena och grönsakerna och blanda med socker och mynta. Häll filén i såsen med matlagningsjuicerna och komplettera med äppelkompotten.

FÖR MELLAN

Tillsätt lite vatten till brickan under tillagningen för att förhindra att tyget torkar ut.

Kycklingköttbullar med hallonsås

INNEHÅLL

för köttbullar

1 kg kycklingkött i tärningar

1 dl mjölk

2 matskedar bröd

2 ägg

1 vitlöksklyfta

Sherryvin

Berömmelse

hackad persilja

Olivolja

salt och peppar

Till hallonsåsen

200 g hallonsylt

½ l kycklingbuljong

1½ dl vitt vin

½ dl sojasås

1 tomat

2 morötter

1 vitlöksklyfta

1 tvilling

Salt

DETALJER

för köttbullar

Blanda köttet med bröd, mjölk, ägg, finhackad vitlök, persilja och lite vin. Krydda med salt och peppar och låt vila i 15 minuter.

Gör bollar av blandningen och rulla dem i mjölet. Stek dem i oljan, se till att de är lite sträva inuti. Reservera oljan.

Till den sötsyrliga hallonsåsen

Skala lök, vitlök och morötter och skär dem i små tärningar. Fräs köttbullarna i samma olja tills de är gyllenbruna. Krydda efter smak med en nypa salt. Ta hackade tomater utan skal eller frön och koka tills vattnet avdunstar.

Ta ett bad i vin och koka tills det reducerats till hälften. Tillsätt sojasås och fond och koka i ytterligare 20 minuter tills såsen tjocknar. Tillsätt sylten och köttbullarna och koka ihop allt i ytterligare 10 minuter.

FÖR MELLAN

Hallonsylt kan ersättas med vilken röd frukt som helst eller till och med sylt.

Lamm STAUER

INNEHÅLL

1 lamm

1 stort glas rött vin

½ kopp krossade tomater (eller 2 rivna tomater)

1 msk söt röd paprika

2 stora potatisar

1 grön paprika

1 röd paprika

1 tvilling

Buljong (eller vatten)

Olivolja

salt och peppar

DETALJER

Skär benen, krydda och stek i en multivark. Ta ut den och reservera.

Fräs skivad lök och paprika i samma olja. När grönsakerna är genomrostade, tillsätt en sked röd paprika och tomater. Fortsätt att koka på hög värme tills tomaterna tappar saften. Tillsätt sedan lammet igen.

Ta ett bad med vinet och låt det reducera. Täck med buljong.

När lammet blivit mjukt, tillsätt kasharen (oskären) och koka tills potatisen är kokt. Krydda med salt och peppar.

FÖR MELLAN

För en ännu godare sås, stek 4 piquillopeppar och 1 vitlöksklyfta separat. Blanda det med lite buljong från grytan och tillsätt det i grytan.

HÅR MUSK

INNEHÅLL

1 kanin

250 g svamp

250 g morötter

250 g lök

100 g bacon

¼ liter rött vin

3 matskedar tomatsås

2 vitlöksklyftor

2 bitar timjan

2 lagerblad

Buljong (eller vatten)

Olivolja

salt och peppar

DETALJER

Skär kaninen mjukad på 24 timmar i små bitar av morot, vitlök och lök, vin, 1 timjanblad och 1 lagerblad. När tiden är ute, sila och reservera vinet på ena sidan och grönsakerna på den andra.

Krydda kaninen, stek på hög värme och ta bort. Koka grönsakerna i samma olja på medelvärme. Tillsätt tomatsås och stek i 3 minuter.

Lägg tillbaka kaninen. Skölj med vin och fond tills köttet är täckt. Tillsätt det andra timjanbladet och det andra lagerbladet. Koka tills kaninen är mjuk.

Fräs under tiden det strimlade baconet och de kvartade champinjonerna och tillsätt dem i grytan. Krossa kaninlevern separat i en mortel och tillsätt den också. Koka i ytterligare 10 minuter och justera salt och peppar.

FÖR MELLAN

Den här rätten kan göras med vilket vilt som helst och kommer att smaka bättre om den görs en dag i förväg.

KANIN MED PIPERRADA

INNEHÅLL

1 kanin

2 stora tomater

2 lökar

1 grön paprika

1 vitlöksklyfta

Socker

Olivolja

salt och peppar

DETALJER

Skär kaninen, krydda och stek i panna. Ta bort och reservera.

Skär lök, paprika och vitlök i små bitar och stek i oljan som kaninen kokades i på låg värme i 15 minuter.

Tillsätt hackade tomater till brunoise och koka på medelvärme tills de tappar allt vatten. Justera salt och socker om det behövs.

Tillsätt kaninen, minska värmen och koka med grytan täckt i 15 eller 20 minuter, rör om då och då.

FÖR MELLAN

Zucchini eller aubergine kan läggas till piperada.

KYCKLINGKÖTTBULLAR MED CURRYSÅS OCH OST

INNEHÅLL

500 g kycklingfärs

150 g hackad ost

100 g bröd

200 ml grädde

1 dl kycklingbuljong

2 matskedar curry

½ matsked ströbröd

30 russin

1 grön paprika

1 morot

1 tvilling

1 ägg

1 citron

Mjölk

Berömmelse

Olivolja

Salt

DETALJER

Krydda kycklingen och blanda med ströbröd, ägg, 1 msk curry och ströbröd indränkt i mjölk. Forma bollar, fyll med en tärning ost och rulla i mjöl. Stek och reservera.

I samma olja skär du löken, paprikan och moroten i små bitar. Tillsätt citronskal och koka några minuter. Tillsätt den andra matskeden curry, russin och kycklingbuljong. När det börjar koka, tillsätt grädden och koka i 20 minuter. Justera saltet.

FÖR MELLAN

Ett perfekt tillbehör till dessa köttbullar är champinjoner, delad i fjärdedelar och skuren i små bitar, sauterade med några vitlöksklyftor och sköljda ner med ett gott portvin eller Pedro Ximénez-vin.

FLÄSKINDER I RÖTT VIN

INNEHÅLL

12 fläskkinder

½ liter rött vin

2 vitlöksklyftor

2 tomma

1 röd paprika

1 morot

1 tvilling

Berömmelse

Buljong (eller vatten)

Olivolja

salt och peppar

DETALJER

Krydda och stek kinderna i en väldigt het panna. Ta ut den och reservera.

Skär grönsakerna i bronoise och stek dem i samma olja som fläsket stektes i. Efter att du har kokat ordentligt, blötlägg den i vin och låt den svalna i 5 minuter. Tillsätt kinderna i buljongen tills de är täckta.

Koka tills kinderna är väldigt mjuka och om du vill, rör om såsen så att det inte finns några grönsaksbitar kvar.

FÖR MELLAN

Fläskkinder tar mycket kortare tid att tillaga än nötkött kinder. En annan smak uppnås när ett uns choklad läggs till botten av såsen.

COCHIFRITO NAVARRE

INNEHÅLL

2 lamm, hackade

50 g fett

1 tsk röd paprika

1 matsked vinäger

2 vitlöksklyftor

1 tvilling

Olivolja

salt och peppar

DETALJER

Skär lammet i bitar. Krydda och stek i en kastrull på hög värme. Ta ut den och reservera.

Fräs finhackad lök och vitlök i samma olja på låg värme i 8 minuter. Tillsätt röd paprika och fräs ytterligare 5 sekunder. Tillsätt lamm och täck med vatten.

Koka tills såsen minskar och köttet är mört. Fukta med vinäger och koka upp.

FÖR MELLAN

Den första bryningen är viktig eftersom den hindrar safterna från att rinna ut. Det ger också en krispig touch och förstärker smakerna.

Biffgryta med jordnötssås

INNEHÅLL

750 g tillagat kött

250 g jordnötter

2 liter buljong

1 glas grädde

½ glas konjak

2 matskedar tomatsås

1 bit timjan

1 kvist rosmarin

4 potatisar

2 morötter

1 tvilling

1 vitlöksklyfta

Olivolja

salt och peppar

DETALJER

Skär stjälken, krydda och rosta på hög värme. Ta ut den och reservera.

Fräs lök, vitlök och morötter, hackade i små tärningar, i samma olja på låg värme. Öka värmen och tillsätt tomatsåsen. Låt oss minska det tills det tappar allt vatten. Strö över konjak och låt alkoholen avdunsta. Tillsätt köttet igen.

Mosa jordnötterna ordentligt med buljongen och tillsätt dem i pannan med de aromatiska örterna. Koka på låg värme tills köttet är nästan mört.

Tillsätt sedan potatisen skalad och skuren i vanliga rutor och grädden. Koka i 10 minuter och justera salt och peppar. Låt vila i 15 minuter innan servering.

FÖR MELLAN

Denna kötträtt kan kompletteras med rispilaff (se avsnittet Ris och pasta).

Grillat fläsk

INNEHÅLL

1 söt gris

2 matskedar tomatpuré

Salt

DETALJER

Fodra öronen och svansen med aluminiumfolie för att förhindra brännskador.

Lägg 2 träskedar på en plåt och lägg spädgrisen med framsidan uppåt, inte vidrör botten av formen. Tillsätt 2 matskedar vatten och koka i 2 timmar på 180 grader.

Lös upp saltet i 4 dl vatten och måla insidan av prästen var 10:e minut. Vänd på den och fortsätt att måla med vatten och salt tills tiden är ute.

Smält smöret och måla skinnet. Öka ugnen till 200°C och rosta i ytterligare 30 minuter eller tills skalet är gyllene och krispigt.

FÖR MELLAN

Häll inte vattnet på huden; detta kommer att göra att den tappar knasigheten. Servera såsen på botten av tallriken.

ROOSTAD KNOK MED KÅL

INNEHÅLL

4 knackningar

½ kål

3 vitlöksklyftor

Olivolja

salt och peppar

DETALJER

Täck fogarna med kokande vatten och koka i 2 timmar eller tills de är helt mjuka.

Ta bort från vattnet och grädda i lite olja i 220°C tills de är gyllenbruna. Säsong.

Skär kålen i tunna strimlor. Koka i rikligt med kokande vatten i 15 minuter. ansvarsfrihet.

Fräs under tiden den hackade vitlöken i lite olja, tillsätt kålen och fräs. Krydda med salt och peppar och servera med rostad bakelse.

FÖR MELLAN

Knogar kan också göras i en väldigt het stekpanna. Stek dem väl på alla sidor.

KANINCACCIATOR

INNEHÅLL

1 kanin

300 g svamp

2 dl kycklingbuljong

1 glas vitt vin

1 kvist färsk timjan

1 lagerblad

2 vitlöksklyftor

1 tvilling

1 tomat

Olivolja

salt och peppar

DETALJER

Ta kaninen, krydda den och stek den på hög värme. Ta ut den och reservera.

Fräs den finhackade löken och vitlöken i samma olja i 5 minuter på låg värme. Öka värmen och tillsätt den rivna tomaten. Koka tills det inte finns mer vatten.

Ta bort kaninen och häll i vinet. Låt det reducera och såsen är nästan torr. Blötlägg med buljong och koka med aromatiska örter i 25 minuter eller tills köttet är mört.

Under tiden fräs rengjorda och laminerade svampar i en het panna i 2 minuter. Smaka av med salt efter smak och lägg i grytan. Koka i ytterligare 2 minuter och justera saltet om det behövs.

FÖR MELLAN

Du kan också göra samma recept med kyckling- eller kalkonkött.

MADRILEÑA KALVKÖTT ESCALOPE

INNEHÅLL

4 kalvfiléer

1 msk färsk persilja

2 vitlöksklyftor

Mjöl, ägg och ströbröd (för överdrag)

Olivolja

salt och peppar

DETALJER

Finhacka persilja och vitlök. Blanda dem i en skål och tillsätt brödet. Lyfta upp.

Krydda filéerna med salt och peppar och torka i en blandning av mjöl, uppvispat ägg och ströbröd, vitlök och persilja.

Tryck till degen med handen så att den fastnar ordentligt och stek den i mycket het olja i 15 sekunder.

FÖR MELLAN

Slå sönder filén med en hammare för att bryta fibrerna och göra köttet mörare.

SVAMPKANINFÖRSÄKRING

INNEHÅLL

1 kanin

250 g säsongsbetonade svampar

50 g fett

200 g bacon

45 g mandel

600 ml kycklingbuljong

1 glas sherry

1 morot

1 tomat

1 tvilling

1 vitlöksklyfta

1 bit timjan

salt och peppar

DETALJER

Ta kaninen och krydda den. Stek i smör på hög värme tillsammans med baconet skuret i bitar. Ta ut den och reservera.

Fräs finhackad lök, morot och vitlök i samma olja. Tillsätt hackad svamp och koka i 2 minuter. Tillsätt rivna tomater och koka tills de tappar vattnet.

Tillsätt kaninen och baconet igen och koka i vinet. Låt det reducera och såsen är nästan torr. Fukta med buljong och tillsätt timjan. Koka på låg värme i 25 minuter eller tills kaninen är mjuk. Strö över mandeln och smaka av med salt.

FÖR MELLAN

Du kan använda torkad shiitakesvamp. De erbjuder så mycket smak och arom.

IBERISK FLÄSKRIVBOR MED VITT VIN OCH HONING

INNEHÅLL

1 revben iberiskt fläsk

1 glas vitt vin

2 matskedar honung

1 msk söt röd paprika

1 msk hackad rosmarin

1 msk hackad timjan

1 vitlöksklyfta

Olivolja

salt och peppar

DETALJER

Lägg kryddorna, riven vitlök, honung och salt i en skål. Tillsätt ett halvt glas olja och blanda. Bred ut revbenen med denna blandning.

Stek köttsidan nedåt i 200°C i 30 minuter. Vänd, skölj med vin och grädda i ytterligare 30 minuter eller tills revbenen är gyllene och mjuka.

FÖR MELLAN

Det är bättre att marinera köttet en dag i förväg, så att smakerna tränger in mer i revbenen.

POTE GALLEGO

INNEHÅLL

250 g vita bönor

500g rena rödbetor

500 g morcilo

100 g skinka

100 g fett

1 Spinalben

3 potatisar

1 korv

1 blodpudding

Salt

DETALJER

Låt bönorna stå i kallt vatten i 12 timmar innan.

Lägg alla ingredienser utom potatis och kålrot i en kastrull och koka på medelvärme i 2 liter kallt osaltat vatten.

Koka revbenen i en annan kastrull i kokande saltat vatten i 15 minuter.

När bönorna nästan är klara lägger du till potatisen i cachen och justerar saltet. Släng Grelos. Låt den stå på elden i några sekunder och lägg den till bordet tillsammans med en portion kött.

FÖR MELLAN

Under beredningen avbryter du tillagningen med kallt vatten eller is 3 gånger, så att bönorna blir mjukare och inte tappar skinnet.

LINSER A LA LIONESA

INNEHÅLL

500 g linser

700 g lök

200 g smör

1 kvist persilja

1 bit timjan

1 lagerblad

1 liten lök

1 morot

6 smällar

Salt

DETALJER

Fräs den finhackade löken i smör på låg värme. Täck över och koka tills de är lätt gyllene.

Tillsätt linser, kryddnejlika och hel liten lök, hackade morötter och örter. Täck med kallt vatten.

Låt rinna av och koka på svag värme tills baljväxterna blir mjuka. Justera saltet.

FÖR MELLAN

Det är viktigt att tillaga på hög värme för att gå över till medelvärme för att förhindra att de fastnar.

ÄPPELCURRY LINSER

INNEHÅLL

300 g linser

8 matskedar grädde

1 msk curry

1 gyllene äpple

1 bit timjan

1 kvist persilja

1 lagerblad

2 lökar

1 vitlöksklyfta

3 spikar

4 matskedar olja

salt och peppar

DETALJER

Koka linserna med 1 lök, vitlök, lagerblad, timjan, persilja, kryddnejlika, salt och peppar i 1 timme i kallt vatten.

Fräs den andra löken separat med äpplet i oljan. Tillsätt curryn och blanda.

Tillsätt linserna i äppelgrytan och koka i ytterligare 5 minuter. Tillsätt grädden och blanda försiktigt.

FÖR MELLAN

Har du överblivna linser kan de vändas ner i grädden och du kan även ha sauterade räkor vid sidan av.

POCHAS TILL NAVARRE

INNEHÅLL

400 g bönor

1 msk röd paprika

5 vitlöksklyftor

1 italiensk grön paprika

1 röd paprika

1 ren purjolök

1 morot

1 tvilling

1 stor tomat

Olivolja

Salt

DETALJER

Rengör bönorna väl. Täck med vatten i en kastrull tillsammans med paprika, lök, bönor, tomater och morötter. Koka i ca 35 minuter.

Ta bort och hacka grönsakerna. Lägg sedan tillbaka dem till vardagsrummet.

Hacka vitlöken fint och fräs i lite olja. Ta av från värmen och tillsätt chilipeppar. Rehome 5 ingår i vita bönor. Justera saltet.

FÖR MELLAN

Eftersom det är färska baljväxter är tillagningstiden mycket kortare.

LINS

INNEHÅLL

500 g linser

1 msk röd paprika

1 stor morot

1 medelstor lök

1 stor paprika

2 vitlöksklyftor

1 stor potatis

1 typ av skinka

1 korv

1 blodpudding

Bacon

1 lagerblad

Salt

DETALJER

Fräs finhackade grönsaker tills de är lite mjuka. Tillsätt röd paprika och tillsätt 1 ½ liter vatten (du kan använda grönsaksfond eller till och med buljong). Tillsätt linser, kött, skinkändar och lagerblad.

Ta bort och spara chorizo och blodpudding när de är mjuka så att de inte går sönder. Fortsätt koka tills linserna är färdiga.

Tillsätt den skivade potatisen och koka i ytterligare 5 minuter. Tillsätt en nypa salt.

FÖR MELLAN

För att lägga till en annan smak, tillsätt 1 kanelstång till linserna under tillagningen.

Torskfritter

INNEHÅLL

100 g osaltad torsk och smulor

100 g vårlök

1 msk färsk persilja

1 flaska kall öl

färgämne

Berömmelse

Olivolja

salt och peppar

DETALJER

I en skål lägg torsken, finhackad vårlök och persilja, öl, lite färg, salt och peppar.

Rör ner mjöl, en matsked i taget, under konstant omrörning, tills du har en deg med en lite tjock grötliknande konsistens (inte rinnig). Låt den stå kallt i 20 minuter.

Stek i mycket olja, häll degen i skedar. När de är gyllenbruna, ta bort dem och lägg dem på absorberande papper.

FÖR MELLAN

Om du inte har öl kan den även göras med läsk.

DOURA COD

INNEHÅLL

400 g avsaltad och smulad torsk

6 ägg

4 medelstora potatisar

1 tvilling

färsk persilja

Olivolja

Salt

DETALJER

Skala potatisen och skär den i sugrör. Tvätta ordentligt tills rent vatten rinner och stek sedan i rikligt med het olja. Salt säsong.

Koka löken hackad i julienne-remsor. Öka värmen, tillsätt den torkade torsken och koka tills vätskan är borta.

Vispa äggen i en separat skål, tillsätt torsk, potatis och lök. Mosa lätt i en panna. Smaka av med salt och avsluta med hackad färsk persilja.

FÖR MELLAN

Den behöver locka lite för att bli saftig. Potatisen saltas inte förrän på slutet, så att den inte tappar sin krispighet.

GRUNDKRABBA

INNEHÅLL

1 spindelkrabba

500 g tomater

75 g Serranoskinka

50 g färskt bröd (eller bröd)

25 g smör

1½ glas konjak

1 msk persilja

1/8 lök

½ vitlöksklyfta

salt och peppar

DETALJER

Koka spindelkrabban (1 minut per 100g) i 2 liter vatten med 140g salt. Kyl och ta bort köttet.

Koka skinkan skuren i tunna julienne-remsor, tillsammans med löken och vitlöken hackad i små bitar. Tillsätt rivna tomater och hackad persilja och koka tills du får en torr deg.

Tillsätt spindelkrabbakött, täck med konjak och flambera. Tillsätt hälften av smulan från värmen och tillsätt spindelkrabban.

Strö över resten av smulorna och fördela det skivade smöret ovanpå. Grädda i ugnen tills den blir gyllenbrun.

FÖR MELLAN

Den kan också göras med en god iberisk chorizo och även fylld med rökt ost.

Ansjovis i vinäger

INNEHÅLL

12 ansjovis

300 cl vinäger

1 vitlöksklyfta

hackad persilja

extra virgin olivolja

1 tesked salt

DETALJER

Lägg den rengjorda ansjovisen på en platt tallrik med vinäger utspädd med vatten och salt. Låt stå i kylen i 5 timmar.

Fräs under tiden finhackad vitlök och persilja i olja.

Ta bort ansjovisen från vinägern och täck med olja och vitlök. Ställ tillbaka den i kylen i 2 timmar.

FÖR MELLAN

Tvätta ansjovisen flera gånger tills vattnet blir klart.

TORSKMÄRKE

INNEHÅLL

¾ kg osaltad torsk

1 dl mjölk

2 vitlöksklyftor

3 dl olivolja

Salt

DETALJER

Hetta upp oljan med vitlöken i en liten kastrull på medelvärme i 5 minuter. Tillsätt torsken och koka ytterligare 5 minuter på mycket låg värme.

Värm mjölken och lägg den i mixerburken. Lägg på skinn utan torsk och vitlök. Vispa tills du får en tunn deg.

Tillsätt oljan utan att sluta vispa tills du får en jämn deg. Salta och gratinera i ugnen på max effekt.

FÖR MELLAN

Den kan ätas på rostat bröd och breds med lite aioli.

PULVER I ADOBO (BIENMESABE)

INNEHÅLL

500 g haj

1 glas vinäger

1 jämn matsked mald spiskummin

1 jämn matsked söt röd paprika

1 jämn matsked timjan

4 lagerblad

5 vitlöksklyftor

Berömmelse

Olivolja

Salt

DETALJER

Lägg hajarna, som du tidigare skurit i tärningar, i en djup skål och rengör dem.

Tillsätt en näve salt och teskedar paprika, spiskummin och oregano.

Krossa vitlöken med skalet och lägg i skålen. Bryt och tillsätt lagerblad. Tillsätt slutligen ytterligare ett glas vinäger och ytterligare ett glas vatten. Låt det vila över natten.

Torka hajbitarna, mjöl och stek.

FÖR MELLAN

Om nymalen spiskummin, tillsätt bara ¼ av en platt matsked. Den kan göras med andra fiskar som pomfret eller tunga.

PILADE Apelsiner och tonfisk

INNEHÅLL

800 g tonfisk (eller färsk bonito)

70 ml vinäger

140 ml vin

1 morot

1 ljög

1 vitlöksklyfta

1 apelsin

½ citron

1 lagerblad

70 ml olja

salt och peppar

DETALJER

Skär morötter, bönor och vitlök i tärningar och fräs i lite olja. När grönsakerna är mjuka, blötlägg dem i vinäger och vin.

Tillsätt lagerblad och peppar. Smaka av med salt och koka i ytterligare 10 minuter. Tillsätt skalet och saften från citrusfrukterna och tonfisken skuren i 4 bitar. Tillaga ytterligare 2 minuter, ta ut ur ugnen och låt vila.

FÖR MELLAN

Följ samma steg för att göra en läcker kycklingmarinad. Bryn bara kycklingen och koka i ytterligare 15 minuter innan du lägger till marinaden i grytan.

RÄKOR REGNKLÄPA

INNEHÅLL

500 g räkor

100 g mjöl

½ dl kall öl

färgämne

Olivolja

Salt

DETALJER

Skala räkorna utan att ta bort änden.

Blanda mjöl, lite matfärg och salt i en skål. Tillsätt ölen lite i taget utan att stanna.

Ta bort räkorna från svansen, doppa dem i föregående smet och stek dem i rikligt med olja. När den är gyllenbrun, ta bort och förvara på absorberande papper.

FÖR MELLAN

Du kan lägga till 1 tsk curry eller röd paprika till mjölet.

Tonfisk med basilika

INNEHÅLL

125g konserverad tonfisk i olja

½ liter mjölk

4 ägg

1 skiva skivat bröd

1 msk riven parmesan

4 färska basilikablad

Berömmelse

Olivolja

salt och peppar

DETALJER

Blanda tonfisk med mjölk, ägg, skivat bröd, parmesan och basilika. Tillsätt salt och peppar.

Lägg degen i separata försmorda och mjölade formar och grädda i 30 minuter i vattenbad vid 170 °C.

FÖR MELLAN

Du kan också förbereda detta recept med konserverade musslor eller sardiner.

A LA MENIER

INNEHÅLL

6 baser

250 g smör

50 g citronsaft

2 msk finhackad persilja

Berömmelse

salt och peppar

DETALJER

Krydda och mjöla huvuden och sulor. Stek båda sidorna i smält smör på medelvärme, var försiktig så att mjölet inte bränns.

Ta bort fisken och tillsätt citronsaft och persilja i pannan. Koka i 3 minuter utan att sluta röra. Lägg upp fisken på ett fat med såsen.

FÖR MELLAN

Lägg till några kapris för att ge receptet en läcker twist.

JAVANESISK LAXLOIN

INNEHÅLL

2 laxfiléer

½ liter kava

100 ml grädde

1 morot

1 ljög

Olivolja

salt och peppar

DETALJER

Krydda laxen och stek på båda sidor. Reserverad.

Skär morötterna och päronen i långa tunna bitar. Fräs grönsakerna i samma olja som laxen i 2 minuter. Fukta med kava och låt reducera till hälften.

Tillsätt grädden, koka i 5 minuter och tillsätt laxen. Koka i ytterligare 3 minuter och justera salt och peppar.

FÖR MELLAN

Du kan ånga laxen i 12 minuter och äta den till den här såsen.

HAV I BILBAN STIL MED PIQUILTOS

INNEHÅLL

4 havsabborre

1 matsked vinäger

4 vitlöksklyftor

piquillo peppar

125 ml olivolja

salt och peppar

DETALJER

Ta bort filén från havsabborren. Smaka av med salt och peppar och koka i en panna på hög värme tills de är gyllene på utsidan och saftiga på insidan. Ta ut den och reservera.

Hacka vitlöken och fräs lätt i samma olja som fisken. Fukta med vinäger.

Fräs paprikan i samma panna.

Servera havsabborrefilén med sås och servera med paprika.

FÖR MELLAN

Bilbaosås kan tillagas i förväg; Sedan är det bara att värma och servera.

Snäckskal I EN FLASKA

INNEHÅLL

1 kg musslor

1 litet glas vitt vin

2 matskedar vinäger

1 liten grön paprika

1 stor tomat

1 liten vårlök

1 lagerblad

6 matskedar olivolja

Salt

DETALJER

Rengör skalen noggrant med en ny diskmaskin.

Lägg musslorna i en kastrull med vinet och lagerbladet. Koka på hög värme tills locken öppnas. Separera ett av skalen och kassera det.

Finhacka tomater, vårlök och paprika och gör en salladsdressing. Krydda med vinäger, olja och salt. Blanda och häll över musslorna.

FÖR MELLAN

Låt stå över natten för att förstärka smakerna.

MARMITACO

INNEHÅLL

300 g tonfisk (eller bonito)

1 liter fiskbuljong

1 msk chorizopeppar

3 stora potatisar

1 stor röd paprika

1 stor grön paprika

1 tvilling

Olivolja

salt och peppar

DETALJER

Fräs den fyrkantiga löken och paprikan. Tillsätt en sked chorizopeppar och skalad och skuren potatis. Blanda i 5 minuter.

Blötlägg den med fiskfond och när den börjar koka, tillsätt salt och peppar. Koka på låg värme tills potatisen når sin punkt.

Stäng av värmen och tillsätt sedan den tärnade och kryddade tonfisken. Låt vila i 10 minuter innan servering.

FÖR MELLAN

Tonfisk kan ersättas med lax. Resultatet är överraskande.

SALT OCH SALT

INNEHÅLL

1 havsabborre

600 g grovt salt

DETALJER

Sortera och rensa fisken. Lägg en saltbädd på en tallrik, lägg havsabborren ovanpå och täck med resterande salt.

Grädda i 220°C tills saltet stelnar och går sönder. Det är cirka 7 minuter per 100 g fisk.

FÖR MELLAN

Fisk ska inte stekas när den kokas i salt, eftersom fjällen skyddar köttet från höga temperaturer. Du kan smaksätta saltet med örter eller tillsätta en äggvita.

ångade musslor

INNEHÅLL

1 kg musslor

1 dl vitt vin

1 lagerblad

DETALJER

Rengör skalen noggrant med en ny diskmaskin.

Lägg musslorna, vinet och lagerbladet i en het gryta. Koka på hög värme tills locken öppnas. Stäng alla oöppnade.

FÖR MELLAN

Det är en mycket populär rätt i Belgien och kommer med goda pommes frites.

HOOK GALIZIA

INNEHÅLL

4 skivkrokar

600 g potatis

1 tsk röd paprika

3 vitlöksklyftor

1 medelstor lök

1 lagerblad

6 matskedar extra virgin olivolja

salt och peppar

DETALJER

Värm vatten i en kastrull; Tillsätt skivad potatis, finhackad lök, salt och lagerblad. Koka på låg värme i 15 minuter tills allt är mjukt.

Lägg i de kryddiga kummelskivorna och koka i ytterligare 3 minuter. Låt potatisen rinna av i durkslaget och överför allt i en lerkruka.

Fräs skivad eller hackad vitlök i en panna; När de är gyllene tar du dem från värmen. Tillsätt röd paprika, blanda och häll denna sås över fisken. Servera snabbt med lite matlagningsjuice.

FÖR MELLAN

Det är viktigt att mängden vatten räcker till att täcka fiskskivorna och potatisen.

KUMMEL KOSKERA

INNEHÅLL

1 kg krok

100 g kokta ärtor

100 g lök

100 g ostron

100 g räkor

1 dl fiskbuljong

2 msk persilja

2 vitlöksklyftor

8 sparris

2 hårdkokta ägg

Berömmelse

salt och peppar

DETALJER

Skär kroken i skivor eller filéer. Krydda och mjöl.

Fräs finhackad lök och vitlök i en kastrull tills den är mjuk. Öka värmen, lägg i fisken och stek lätt på båda sidor.

Fukta med rök och koka i 4 minuter, rör på grytan hela tiden för att tjockna såsen. Tillsätt skalade räkor, sparris, rengjorda musslor, ärtor och kvartade ägg. Koka i 1 minut till och strö över hackad persilja.

FÖR MELLAN

Salta kycklingen 20 minuter före tillagning för att fördela saltet jämnare.

CITRONBLAD AV VITLÖK

INNEHÅLL

2 dussin knivar

2 vitlöksklyftor

2 bitar persilja

1 citron

extra virgin olivolja

Salt

DETALJER

Lägg makrillskalen kvällen innan i en skål med kallt vatten och salt för att få bort alla spår av sand.

Låt rinna av, lägg i en kastrull, täck över och värm på medelvärme tills det kokar.

Hacka under tiden vitlök och bladpersilja och blanda med citronsaft och olivolja. Klä razor musslor med denna sås.

FÖR MELLAN

De är jättegoda med en hollandaise eller bearnaisesås (s. 532-517).

www.ingramcontent.com/pod-product-compliance
Lightning Source LLC
Chambersburg PA
CBHW071910110526
44591CB00011B/1617